LA MAISON EUROPÉENNE : REPRÉSENTATIONS DE L'EUROPE DU 20ᵉ SIÈCLE DANS LES MANUELS D'HISTOIRE

par Falk Pingel
Institut Georg-Eckert,
Centre international de recherches sur les manuels scolaires
Brunswick (Allemagne)

en collaboration avec Michail Boitsev, Irina Khromova,
Vera Kaplan, Achilles G. Kapsalis, David Poltorak,
Michael Kohrs, Jan Prucha, Rafael Valls, Svein Lorentzen,
Agnes Fischer-Dárdai, Elena Zhevzhikova,
Krzysztof Ruchniewicz, Leo Pekkala, Klaus Fenselau,
Heike Karge, Rolf Westheider, Annegret Pohl,
Mark Engel et Luigi Cajani

Projet «Apprendre et enseigner l'histoire de l'Europe du 20ᵉ siècle»

Conseil de la coopération culturelle

Editions du Conseil de l'Europe

Edition anglaise:

The European home: representations of 20th century Europe in history textbooks

ISBN 92-871-4347-1

Nous tenons à remercier les éditeurs qui nous ont aimablement permis l'utilisation des pages illustrées provenant de leurs manuels scolaires. Tous les efforts ont été mis en œuvre pour retrouver les ayants droit individuels des photographies; ainsi nous regrettons toute omission éventuelle.

Les vues exprimées dans la présente publication sont celles de l'auteur; elles ne reflètent pas nécessairement celles du Conseil de la coopération culturelle du Conseil de l'Europe ni du Secrétariat.

Conception: Atelier de création graphique du Conseil de l'Europe

Editions du Conseil de l'Europe
F-67075 Strasbourg Cedex

ISBN 92-871-4346-3
© Conseil de l'Europe, septembre 2000
Réimpression septembre 2001
Imprimé dans les ateliers du Conseil de l'Europe

Le Conseil de l'Europe, fondé en 1949 dans le but de réaliser une union plus étroite entre les démocraties parlementaires européennes, est la plus ancienne des institutions politiques européennes. Avec quarante-trois Etats membres[1], parmi lesquels les quinze pays de l'Union européenne, il représente la plus grande organisation intergouvernementale et interparlementaire d'Europe. Il a son siège en France, à Strasbourg.

Seules les questions de défense nationale étant exclues de ses compétences, le Conseil de l'Europe déploie ses activités dans des domaines très divers: démocratie, droits de l'homme et libertés fondamentales; médias et communication; questions économiques et sociales; éducation, culture, patrimoine et sport; jeunesse; santé; environnement et aménagement du territoire; démocratie locale et coopération juridique.

La Convention culturelle européenne a été ouverte à la signature des Etats en 1954: des Etats membres du Conseil de l'Europe, ainsi que des Etats européens non membres, ce qui permet à ces derniers de prendre part aux activités de l'Organisation dans les domaines de l'éducation, de la culture, du patrimoine et du sport. A ce jour, quarante-huit Etats ont adhéré à la Convention culturelle européenne: les pays du Conseil de l'Europe, plus le Bélarus, la Bosnie-Herzégovine, la République fédérale de Yougoslavie, le Saint-Siège, et Monaco.

Le Conseil de la coopération culturelle (CDCC) est l'organe de gestion et d'impulsion des travaux du Conseil de l'Europe en matière d'éducation et de culture. Quatre comités spécialisés – le Comité de l'éducation, le Comité de l'enseignement supérieur et de la recherche, le Comité de la culture et le Comité du patrimoine culturel – l'assistent dans ses tâches qui sont définies par la Convention culturelle européenne. Le CDCC entretient des liens de travail étroits avec les conférences des ministres européens spécialisés dans les questions d'éducation, de culture et de patrimoine culturel.

Les programmes du CDCC font partie intégrante des travaux du Conseil de l'Europe et ils contribuent, comme les programmes des autres secteurs, aux trois objectifs majeurs de l'Organisation, à savoir:

– protéger, renforcer et promouvoir les droits de l'homme et les libertés fondamentales, ainsi que la démocratie pluraliste;

---

1. Albanie, Andorre, Arménie, Autriche, Azerbaïdjan, Belgique, Bulgarie, Croatie, Chypre, République tchèque, Danemark, Estonie, Finlande, France, Géorgie, Allemagne, Grèce, Hongrie, Islande, Irlande, Italie, Lettonie, Liechtenstein, Lituanie, Luxembourg, Malte, Moldova, Pays-Bas, Norvège, Pologne, Portugal, Roumanie, Fédération de Russie, Saint-Marin, République slovaque, Slovénie, Espagne, Suède, Suisse, «l'ex-République yougoslave de Macédoine», Turquie, Ukraine, Royaume-Uni.

– promouvoir la conscience de l'identité européenne;
– rechercher des solutions communes aux grands problèmes et enjeux de la société européenne.

Le programme du CDCC en matière d'éducation couvre l'enseignement scolaire et l'enseignement supérieur. Actuellement, ses grands projets portent sur l'éducation à la citoyenneté démocratique, l'histoire, les langues vivantes, les liens et échanges scolaires, les politiques éducatives, la formation des personnels éducatifs; la réforme de la législation sur l'enseignement supérieur en Europe centrale et orientale; la reconnaissance des qualifications; l'éducation tout au long de la vie au service de l'équité et de la cohésion sociale; les études européennes pour la citoyenneté démocratique; et les sciences sociales et le défi de la transition.

Avant-propos

La maison européenne: représentations de l'Europe du 20ᵉ siècle dans les manuels d'histoire est une étude réalisée par l'Institut Georg-Eckert de recherches internationales sur les manuels scolaires dans le cadre du projet du Conseil de l'Europe «Apprendre et enseigner l'histoire de l'Europe du 20ᵉ siècle» (voir annexe III). Par une analyse transversale des manuels d'histoire de l'enseignement secondaire, cet ouvrage décrit l'évolution générale de la présentation de l'histoire au cours des dernières décennies et propose un panorama des diverses interprétations auxquelles ont donné lieu certains aspects de l'histoire européenne. Parmi les sujets étudiés, certains portent sur la face la plus sombre du passé de l'Europe: l'occupation, la *Shoah*, le génocide et la guerre. D'autres s'intéressent aux structures du marché des manuels scolaires, à la place que ceux-ci accordent respectivement à l'histoire régionale, nationale et européenne, et à l'importance de la conception de la maquette et des exercices demandés aux élèves, en examinant si ces manuels développent des aptitudes à la recherche critique ou s'ils poussent les élèves à assimiler des connaissances déjà organisées.

L'ouvrage aborde une question capitale pour l'intégration européenne: le sens que «l'Europe» et la «dimension européenne» ont vraiment pour les jeunes. Les manuels d'histoire présentent parfois de manière floue et elliptique les idées maîtresses des milieux dirigeants paneuropéens. Cette étude invite le lecteur à poser la problématique de la définition de l'Europe. Pour saisir la multiplicité des facettes de l'idée européenne, il faut donner de cette Europe une image plus riche que celle d'un simple ensemble d'institutions, souvent perçues comme une bureaucratie distante. Dans ses recommandations, qui sont en partie destinées aux auteurs de manuels et aux concepteurs de programmes scolaires, l'auteur propose des méthodes et des moyens propres à aider les jeunes à percevoir l'Europe comme un facteur pertinent et positif dans leur vie de tous les jours. Cette conception de l'Europe va au-delà de la politique et de l'économie; elle se construira au moyen d'une étude des valeurs communes, des mentalités et des modes de vie européens, et aussi par le biais de tâches amenant les élèves à échanger des idées.

L'auteur principal, Falk Pingel, est actuellement directeur adjoint de l'Institut Georg-Eckert de Brunswick (Allemagne) et assistant à l'université de

Bielefeld. Il a longtemps donné des conférences sur l'histoire contemporaine et l'enseignement de l'histoire au niveau international. Son dernier ouvrage est le *Guide Unesco pour l'analyse et la révision des manuels scolaires* (Unesco, Paris, 1999).

L'auteur a travaillé en collaboration avec de nombreux spécialistes et chercheurs européens dans le domaine des manuels scolaires.

Sommaire

	Page
I. Introduction	9
Une brève remarque terminologique	11
Objectifs de l'étude et choix des manuels	11
Remarques sur le marché du livre scolaire	14
Les programmes scolaires	16
II. Résumé des principaux résultats	29
Modes de présentation	29
La nation, l'Europe et le monde	37
Thème liés à l'Europe	45
Le terme «Europe»	48
Quelles nouveautés par rapport aux manuels plus anciens?	51
III. Que propose-t-on aux élèves?	57
Les différentes dimensions de développement: contextes social, politique, économique, culturel et technologique	57
Liens entre histoire nationale, européenne et mondiale	63
Guerre mondiale et guerre froide – Dictature et démocratie	65
L'Europe: tradition et avenir	98
L'Europe: une idée et un concept	107
IV. Conclusions et recommandations	113
Annexe I	127
Annexe II	131
Annexe III	137

I. INTRODUCTION

Comment vit-on dans la «maison européenne»? Tous les locataires (ou propriétaires) occupent-ils des pièces d'un égal confort? Qui, en fait, a le droit d'y habiter? La maison est-elle assez vaste ou faudrait-il l'agrandir? A toutes ces questions et à bien d'autres, la plupart des élèves d'aujourd'hui proposent des réponses qui font réfléchir. Souvent, elles diffèrent de celles de leurs enseignants et de la génération des adultes. Les jeunes gens choisissent leur propre approche et utilisent leur propre langage, ainsi qu'en témoignent les deux bandes dessinées réalisées dans une école professionnelle allemande.

Europa – ein „gemeinsames Haus"?

6   Nachdem in einer Berufsschulklasse im Schuljahr 1990/91 das Thema „Europa" behandelt worden war, faßten zwei Schüler ihre Vorstellungen vom „Europäischen Haus" in folgenden Zeichnungen zusammen:

1. *Vergleiche die beiden Zeichnungen. Welches sind nach den Vorstellungen der Jugendlichen die wichtigsten Merkmale des „Europäischen Hauses"?*

2. *Fertige selbst eine Zeichnung des „Europäischen Hauses" an. Lies dazu vorher noch einmal die Darstellung S. 173–175.*

(Allemagne) *Geschichtsbuch 4. Die Menschen und ihre Geschichte in Darstellungen und Dokumenten. Von 1918 bis 1995* (1997)
© Erhard Friedrich Verlag

Aujourd'hui, que savent les élèves de l'histoire contemporaine? Plus exactement, que doivent-ils savoir de la dimension européenne? Quel genre de sujets leur propose-t-on et comment sont-ils encouragés à explorer l'histoire européenne récente? De toute évidence, les manuels d'histoire ne représentent qu'un des multiples supports offrant des aperçus et des approches sur le sujet. Nous savons que les élèves ne peuvent mémoriser ni même étudier tous les documents contenus dans un manuel scolaire. Nous savons aussi que les jeunes ont souvent accès à d'autres documents qui leur permettent de se former un jugement sur l'histoire contemporaine. Les manuels scolaires livrent souvent une version officielle ou «autorisée» des problèmes puisqu'ils reflètent les concepts répertoriés dans les programmes approuvés par les autorités compétentes. Ainsi, les livres d'histoire contiennent les connaissances que la «vieille» génération souhaite transmettre à la jeune génération à un moment précis et dans une société donnée.

Avec l'entrée des Etats de l'Europe de l'Est dans des organisations européennes jusqu'alors formées de pays de l'Europe de l'Ouest, un fait est apparu clairement: beaucoup des mouvements nationalistes que nous associons au 19e siècle n'ont toujours pas atteint leurs objectifs, malgré tous les traités de paix signés après la première guerre mondiale. Expliquer ces développements aux jeunes n'est pas une mince affaire, surtout dans les Etats ayant recouvré de fraîche date leur souveraineté et cherchant à forger des liens étroits avec l'Union européenne. Les conflits qui en ont résulté (en ex-Yougoslavie, par exemple) peuvent bien être jugés anachroniques, il n'empêche qu'ils sont fortement ancrés dans la réalité historique européenne et doivent être résolus sans tarder. Si nous partons du principe que les problèmes de frontières et de réunification doivent être réglés par la discussion plutôt que par l'agression et le conflit, la situation actuelle représente un réel défi pour nos enseignants. Il leur faut non seulement proposer des faits, mais aussi aborder des questions extrêmement sensibles et dérangeantes.

Ce problème ne concerne pas seulement les pays européens de l'Est; mouvements ethniques, régionaux ou nationaux se rencontrent aussi à l'Ouest, par exemple en Belgique et en Espagne. Le dernier programme espagnol en sciences sociales *(ciencias sociales)* met certes un accent positif sur la dimension européenne, mais il fait aussi la part belle aux régions autonomes d'Espagne; si bien que les manuels scolaires sont publiés en plusieurs versions, situation comparable à celle de l'Allemagne, où certains Etats fédéraux adaptent les livres pour offrir un point de vue régional. Dans ce cas, les auteurs de manuels n'ont d'autre choix que de négliger certains sujets. Et s'ils sont tenus de couvrir le point de vue européen ou international, ils le font souvent de manière générale, voire superficielle. Certains pays, même des Etats voisins, sont regroupés dans un seul chapitre, alors que les manuels des années 60 et 70 les traitaient séparément. Autrement dit, la mise en valeur d'une dimension européenne ou internationale tend à masquer les différences qui existent entre les régions ou les pays d'Europe.

Une brève remarque terminologique

L'expression «la Yougoslavie actuelle» désigne la République fédérale de Yougoslavie, qui se compose des deux républiques autonomes de Serbie et du Monténégro.

Le terme d'«ex-Yougoslavie» désigne la République socialiste fédérative de Yougoslavie qui comptait, avant sa dissolution, les six républiques autonomes de Slovénie, Serbie, Bosnie-Herzégovine, Croatie, Macédoine et Monténégro, ainsi que deux provinces autonomes, le Kosovo et la Vojvodine, toutes deux intégrées à la Serbie en 1990.

Après l'effondrement de l'ex-Yougoslavie, les républiques, désormais indépendantes, gardèrent toutes leur nom à l'exception de la Macédoine. En raison de la forte opposition de la Grèce, cette république a été admise aux Nations Unies en 1992, puis au Conseil de l'Europe, sous l'appellation provisoire (guillemets inclus) d'«ex-République yougoslave de Macédoine». Ainsi, contrairement à l'usage de la presse, le terme de «Macédoine», utilisé seul, désigne la Macédoine uniquement à l'époque où son statut était celui d'une république autonome de l'ex-Yougoslavie.

Objectifs de l'étude et choix des manuels

Notre étude vise à montrer les diverses manières de traiter l'histoire de l'Europe du 20e siècle à travers un éventail de manuels scolaires européens. Nous examinons dans quelle mesure la dimension européenne se rencontre dans les livres d'histoire en usage durant la scolarité obligatoire dans les pays européens. Peu après sa création, le Conseil de l'Europe avait déjà demandé à ses Etats membres de faire entrer la dimension européenne dans les manuels d'enseignement de l'histoire. Cette démarche s'est amorcée, en 1953, avec le symposium intitulé «L'idée européenne dans l'enseignement de l'histoire» qui a donné lieu à un grand nombre d'activités dans ce domaine, particulièrement ces dernières années lorsque le Conseil a accueilli de nouveaux membres. Tout ce travail a abouti à des recommandations sur les sujets et les méthodes, directives qui se sont révélées précieuses pour notre étude[1]. Séminaires et publications ont souvent adopté des approches différentes pour définir quels thèmes illustraient le mieux le déroulement de l'histoire européenne. Les résultats de ces efforts montrent combien l'idée européenne

---

1. Maitland Stobart, «Fifty years of European co-operation on history textbooks: the role and contribution of the Council of Europe», dans *Internationale Schulbuchforschung*, Institut Georg-Eckert, 1999, vol. 21, p. 147-161.

a évolué en quarante-cinq ans, période relativement brève. Aujourd'hui, on privilégie beaucoup plus l'histoire moderne que les traditions européennes ayant pris corps durant la période médiévale et après. Notre étude est centrée sur le 20e siècle et sur le processus d'intégration auquel nous assistons encore aujourd'hui.

D'une manière générale, pour résumer les questions, approches et problèmes traités par l'enseignement de l'histoire, seuls les manuels scolaires se prêtent à l'examen. S'il fallait explorer et documenter la manière dont l'histoire est réellement enseignée dans les innombrables écoles de l'Europe, on aboutirait à un ouvrage de référence gigantesque et fort peu pratique. Certes, les manuels ne nous livrent qu'un tableau imprécis de la manière d'enseigner l'histoire dans nos écoles. Mais leur étude peut donner une très bonne idée des documents et méthodes dont disposent les enseignants. Dans cette analyse, nous avons essayé de trouver un équilibre entre évaluation quantitative, interprétation herméneutique et citations représentatives. Nous avons reproduit une variété d'illustrations, de cartes et de pages intégrales extraites de manuels scolaires. Notre objectif était de choisir des exemples montrant ce que les ouvrages ont en commun en termes d'histoire européenne et leurs différences. Loin d'être négligeables, ces différences varient non seulement entre les manuels d'un pays donné, mais aussi par la dimension privilégiée – nationale, européenne ou mondiale. Le but premier de ce projet consiste à encourager le lecteur à réfléchir sur ce que l'enseignement de l'histoire européenne doit embrasser et, dans un même temps, de l'informer sur la multiplicité des approches déjà mises en application.

Etant donné la multiplicité des systèmes scolaires et la structure diversifiée des marchés du livre scolaire dans les pays signataires de la Convention culturelle européenne, une étude qui se voudrait véritablement représentative devrait prendre chaque pays en considération. Ce serait là une entreprise trop vaste pour les besoins de notre analyse. Nous avons donc choisi treize pays pour représenter la diversité des régions, de leurs systèmes d'édition scolaire et de leurs dimensions: France, Allemagne, Pays-Bas, Fédération de Russie, Angleterre, Espagne, Italie, République tchèque, Hongrie, Pologne, Lituanie, Norvège et Finlande. Pour ces pays, nous avons réuni un ensemble représentatif de manuels d'histoire, pour les évaluer selon des critères précis expliqués plus loin. Conformément aux objectifs du projet «Apprendre et enseigner l'histoire de l'Europe du 20e siècle», dans l'enseignement secondaire, l'étude porte en priorité sur les manuels scolaires utilisés durant les deux ou trois dernières années de la scolarité obligatoire – groupe d'âge de 14 à 16 ans, pour lequel l'histoire (et en particulier celle du 20e siècle) constitue une matière imposée.

En règle générale, nous avons sélectionné entre trois et cinq ouvrages pour chaque pays. La plupart sont fréquemment utilisés (cette information s'appuie sur des statistiques officielles ou, là où elles n'existent pas pour le classement des livres, sur des rapports établis par les enseignants, établissements scolaires et éditeurs). Par ailleurs, certains manuels, quoique peu usités, ont été pris en compte en raison de leur approche tout à fait originale. En conséquence, il ne s'agit pas d'un échantillon représentatif par pays à proprement parler étant donné l'hétérogénéité des informations disponibles. Pour le choix des manuels, nos critères de sélection sont fondés sur les aspects suivants: usage répandu; publication durant les trois à cinq dernières années; rédaction ou révision après la dissolution du système communiste; conformité avec le programme en vigueur; approche originale du sujet.

L'examen a été effectué selon une liste de questions établie pour tous les manuels sélectionnés. L'évaluation quantitative a uniquement porté sur la place réservée à l'histoire nationale, européenne et mondiale dans la présentation du 20e siècle. Les résultats de chacune des analyses menées par différents chercheurs ont permis de rédiger une évaluation brève pour chaque pays, laquelle a servi de base pour le présent rapport[1].

Par ailleurs, nous avons inclus certains exemples particulièrement intéressants provenant d'autres pays, mais sans en faire une évaluation aussi approfondie. Notre étude abordera donc également les éléments suivants: un nouveau livre d'histoire publié en Slovaquie et axé sur l'Europe, la situation en Grèce, l'un des rares pays hors de l'ancien bloc communiste à prescrire l'utilisation d'un seul ouvrage dans toutes ses écoles, et les problèmes fréquemment rencontrés, dans les pays des Balkans, par les auteurs de manuels qui tentent d'introduire un point de vue européen.

Les manuels d'histoire de «l'ex-République yougoslave de Macédoine», de Bosnie-Herzégovine[2] et de Croatie apparaissent d'autant plus d'intéressants qu'en ce moment même le désir d'établir une identité nationale et d'être assimilé à l'Europe émerge en pleine situation de conflit. Cette question est traitée dans de nombreux manuels d'Europe méridionale et occidentale.

Notre intérêt ne se borne pas au simple contenu des ouvrages. Il est en effet relativement facile d'identifier les événements, les périodes et les personnages historiques traités. Mais répertorier ces faits ne nous renseigne guère sur l'interprétation du contexte historique et de ses ramifications. C'est pourquoi nous avons tenté de répondre à d'autres questions: peut-on entrevoir dans les manuels une approche conceptuelle? En particulier, abordent-ils

---

[1]. Ce rapport s'appuie largement sur les analyses individuelles. Toutefois, le rédacteur final (Falk Pingel) a sélectionné les exemples et les citations, et il a établi l'évaluation globale.
[2]. Les manuels étudiés et provenant de la Fédération de Bosnie-Herzégovine sont uniquement utilisés dans la partie bosniaque de la fédération.

certains problèmes qui ont «bipolarisé» le développement de l'Europe moderne, comme démocratie et dictature, coopération et conflit, unité et diversité, colonisation et décolonisation?

Les manuels encouragent-ils les élèves à se former eux-mêmes un jugement ou, au contraire, tendent-ils à fournir des explications qui incitent peu au débat? Nous avons voulu notamment vérifier si les textes développaient la capacité à penser par soi-même, à repérer, à manipuler et à analyser de manière critique les multiples types d'informations et de sources, à formuler des questions pertinentes, à tirer des conclusions responsables et équilibrées, et à explorer d'autres points de vue.

Le 20e siècle a été témoin d'une foule d'événements traumatisants qui ont retenti sur presque toute l'Europe comme sur le reste du monde. Mais, surtout, ces événements ont laissé leur empreinte sur la manière dont les divers Etats se définissent, sur les rituels qu'ils adoptent pour maintenir une certaine identité nationale. Le souvenir et la commémoration peuvent-ils devenir une réelle barrière à la création d'une identité européenne? Pour répondre à cette question, nous avons observé la manière dont certains thèmes sont traités: la seconde guerre mondiale – tout spécialement la politique d'occupation et l'Holocauste –, les migrations transnationales et les conflits ethniques.

A notre avis, sensibiliser les élèves à la dimension européenne et aux questions qui en relèvent ne doit pas glisser vers une approche purement et simplement eurocentrique. A l'heure actuelle, l'Europe, en tant que concept, ne peut se substituer à l'identité nationale ni à la conscience mondiale. C'est pourquoi nous nous sommes efforcés de produire une analyse qualitative et quantitative à travers ces questions: quel est l'équilibre entre les différents niveaux de l'histoire – locale/nationale, européenne et mondiale? quels sont les liens qui les unissent?

Contrairement à la période de la guerre froide, les relations entre Etats européens ne se limitent plus à la politique et à l'économie. Une foule de contacts se sont déjà établis à d'autres niveaux – individuel, scientifique et culturel. Les manuels scolaires peuvent-ils faire comprendre aux élèves ce qui s'est passé – et se passe de plus en plus – à ce niveau plus informel? D'où notre question ainsi formulée: comment s'équilibrent les aspects politiques, économiques, sociaux, culturels/scientifiques/technologiques?

Remarques sur le marché du livre scolaire

Il existe dans la majorité des pays un marché libre et ouvert pour les manuels scolaires.

Dans les pays nordiques comme dans la plupart des pays européens occidentaux et méridionaux (Allemagne, Royaume-Uni, Pays-Bas, France, Italie ou

Espagne), des maisons d'édition privées réunissent des équipes d'auteurs et produisent des manuels scolaires, qui doivent ensuite s'imposer sur le marché. A noter, cependant, des différences notables. D'un côté, il y a les pays (Pays-Bas, Finlande, Espagne et Angleterre, par exemple) où les écoles sont totalement indépendantes quant au choix de leurs livres. Ailleurs, comme en Allemagne et dans la plupart des pays autrefois communistes, le gouvernement exerce un contrôle plus ou moins strict sur l'acquisition des manuels scolaires. En général, il se borne à vérifier que les normes d'approbation et les recommandations du programme sont dûment respectées. Mais comme le programme détermine incontestablement le choix final, il fera l'objet d'un examen plus détaillé ci-après. Depuis qu'en Grande-Bretagne et aux Pays-Bas de nouveaux programmes sont en vigueur, leurs normes influencent la structure des manuels même s'il n'existe pas dans ces pays de processus officiel de sélection.

En Angleterre, le choix des livres continue d'être extrêmement riche. Les séries de manuels qui, des décennies durant, ont présenté l'histoire chronologiquement du début à la fin, sont en général abandonnées au profit d'un système d'unités. Du point de vue de leur structure, les manuels d'histoire anglais se distinguent donc des autres, restés essentiellement chronologiques. Toutefois, le Danemark (non étudié ici) et les Pays-Bas se rapprochent du modèle britannique. Dans la majorité des autres pays européens, les structures du marché sont relativement stabilisées: les séries de manuels produites par un nombre restreint d'éditeurs dominent 50 % ou plus du marché (par exemple en France, en Espagne, en Italie et en Allemagne, avec quelques différences régionales; les trois séries qui composent l'échantillon norvégien couvrent plus de 90 % du marché). Dans ces cas, le choix demeure plus facile.

Dans les anciens Etats socialistes, le choix des manuels scolaires est très restreint, voire souvent nul. Toutefois, il n'existe plus dans ces pays de système uniforme et il se dessine une nette tendance vers une ouverture et une privatisation du marché. En Pologne et dans la Fédération de Russie, les anciennes maisons d'édition d'Etat (Wydawnictwa Szkolne i Pedagogiczne; Prosvescenie) qui détenaient le monopole restent de loin les leaders du marché. Leurs livres ont beaucoup plus d'influence que, dans leurs pays respectifs, les manuels allemands ou anglais, qui eux doivent affronter une grosse concurrence. Ces dernières années, le ministère de l'Education lituanien a chargé une maison d'édition ou une équipe d'auteurs de rédiger un manuel sur un sujet précis pour un niveau scolaire spécifique[1]. Jusqu'en 1998, il n'y avait pour ainsi dire pas d'offres compétitives possibles de

---

1. Bien que des manuels scolaires suisse et norvégien aient été traduits en lituanien, avec des aides financières, ces livres restent pratiquement inaccessibles à la moyenne des écoles. Pour
(suite au verso)

manuels destinés à l'enseignement public. En 1998 a paru un nouveau manuel élaboré selon des normes internationales (LIT 2[1]). A partir de 2001, les enseignants auront sans doute le choix entre trois manuels. En Grèce, il semble aussi que le marché du livre scolaire soit appelé à se libéraliser dans un proche avenir.

En Finlande, bien que le marché soit en principe ouvert à la concurrence, seules deux grandes maisons d'édition produisent des livres d'histoire pour les écoles secondaires. Elles ont publié des livres concurrents qui proposent une approche chronologique légèrement différente. Le choix de l'approche et du manuel est laissé aux écoles.

Ainsi, il apparaît donc clairement que les ouvrages analysés ici ne sont pas du tout équivalents quant à leur diffusion.

Les programmes scolaires

L'histoire contemporaine

En histoire, les programmes scolaires font actuellement un peu partout l'objet d'importants changements. Pour les anciens pays communistes, cette démarche est bien naturelle. Très fréquemment, les nouveaux programmes n'ont pas encore reçu d'approbation officielle – en particulier ceux qui traitent de l'histoire contemporaine (par exemple dans la Fédération de Russie où jusqu'à présent n'existent que des propositions et des recommandations; le programme d'histoire tchèque n'est lui aussi que provisoire). De plus, ces programmes sont souvent tellement innovants, voire révolutionnaires, que les auteurs de manuels n'ont pas encore pu les prendre totalement en considération. Pour une évaluation de notre étude, il convient donc de garder à l'esprit que les nouveaux concepts du livre d'histoire sont encore en gestation, ce qui rend d'autant plus capital le rôle de l'enseignant, en particulier dans les écoles des pays en transition.

Des changements déterminants interviennent aussi dans les pays de l'Ouest: en Italie, par exemple, de nouvelles directives demandent de privilégier l'histoire contemporaine. Aujourd'hui, une année scolaire entière doit être consacrée à l'histoire du 20e siècle. La plupart des manuels d'histoire italiens

---

apporter des informations supplémentaires, A. Kasperavicus, spécialiste en didactique de l'histoire, a rédigé un fascicule sur l'histoire internationale, qui s'apparente plus à un cours intensif théorique. Il est pourtant largement utilisé par les enseignants, sans doute parce qu'il offre un aperçu rapide des différents sujets. Pour la période 1956-1993, un manuel de référence, rédigé par D. Kaunas, réunit principalement des articles de presse accompagnés des commentaires de l'auteur. Il ne s'agit pas d'un manuel scolaire à proprement parler.
1. L'annexe II fournit les noms des manuels scolaires spécifiques cités pour chaque pays couvert par cette étude.

analysés (I 2, 3, 4) suivent déjà les nouvelles directives; deux d'entre eux (I 1 et 5) sont toujours fondés sur l'ancien programme, lequel englobe une partie du 19e siècle.

En Norvège, le nouveau programme va encore plus loin. A l'instar des Etats fédéraux allemands, il prescrit de traiter la première moitié du 20e siècle (jusqu'à 1945) en classe de quatrième (ou troisième), et de consacrer la dernière année de scolarité obligatoire (approximativement troisième ou seconde) à l'histoire contemporaine proprement dite, de 1945 à nos jours.

En France, une réforme majeure, qui bouleversera sans doute le contenu et la présentation des manuels scolaires, doit être mise en application, mais elle ne se reflète pas encore dans les manuels traitant du 20e siècle. Il semble que les maisons d'édition s'adaptent par étapes aux nouvelles exigences. Les premiers livres d'histoire consacrés au 20e siècle sont disponibles depuis l'année scolaire 1999-2000.

Pour l'Italie, la comparaison anciens/nouveaux manuels montre clairement que le traitement plus approfondi du 20e siècle a transformé le regard porté sur l'histoire contemporaine. L'importance accordée à la dimension européenne concurrence plus ou moins celle prêtée à la dimension mondiale. Le 20e siècle s'est caractérisé par un désir d'unité économique et politique au sein de l'Europe, ainsi que par des mouvements et des événements politiques qui trouvaient leur origine dans l'Europe même – par exemple les deux guerres mondiales ou les régimes national-socialiste et communiste. Il semblerait donc logique, pour cette période, de privilégier la dimension européenne. En règle générale, les anciens programmes d'histoire mettaient plutôt l'accent sur ces aspects, du moins s'ils considéraient le 20e siècle comme entité historique en soi. Or, les nouveaux programmes se sont heurtés à un autre problème. D'un côté, l'Europe a gagné en importance depuis l'effondrement du bloc communiste, même si ses relations avec l'Europe orientale ne sont toujours pas réglées. D'un autre côté, l'avènement des médias à l'échelle mondiale influe à la fois sur notre quotidien et sur notre économie. Par conséquent, est-il raisonnable de voir le monde uniquement d'un point de vue européen? Il paraît plus vraisemblable de penser que la fin du 20e siècle est dominée par un échange d'idées entre différentes cultures; autrement dit par une dimension interculturelle universelle. Mieux vaut certainement chercher des manières de tolérer les autres cultures et traditions, d'autant plus que l'histoire nous a montré à maintes reprises comment une culture pouvait tenter d'en éliminer une autre. A la lumière des conflits qui ont déchiré le 20e siècle, il semblerait beaucoup plus sage de viser à une certaine forme de paix mondiale plutôt que de se polariser sur la manière dont l'Europe a su finalement – du moins pour le moment – concilier ses différences.

En Italie, le nouveau programme d'histoire moderne s'est efforcé de trouver un compromis entre ces deux tendances. L'histoire européenne tient une place prépondérante dans le cours, mais elle est profondément ancrée dans un contexte mondial. L'objectif est d'identifier le rôle de l'Europe dans les affaires mondiales, ainsi que de comprendre les influences mutuelles entre l'Europe et le reste du monde. Les pays non européens et leurs cultures variées passent au second plan. A noter que certains des plus récents manuels d'histoire, publiés après l'introduction du nouveau programme, sont allés encore plus loin: ils offrent un véritable kaléidoscope des diverses régions du globe, les définissant sur le plan politique, économique ou culturel. Tout en figurant parmi ces régions, l'Europe reçoit un traitement privilégié. Quant au point de vue général, par rapport au programme, il reste incontestablement mondial plutôt qu'européen.

Dès lors que les auteurs de manuels essaient d'appliquer un programme d'histoire, ils se heurtent à un nouveau dilemme. Ainsi, en Italie, il apparaît clairement que certains auteurs sentent déjà que notre avenir sera bien davantage sous influence mondiale qu'européenne. La dichotomie, parfois même la contradiction, entre programme et manuel montre que la question n'est toujours pas résolue. Penchons-nous, à présent, sur deux problèmes centraux inhérents à l'enseignement de l'histoire contemporaine.

L'histoire contemporaine, à la différence des périodes historiques du passé, demeure très ouverte à l'interprétation. Les comparaisons entre présent et passé ne peuvent être qu'hypothétiques, jamais absolues, car nous sommes bien incapables de dire si tel ou tel changement va ou non se poursuivre. Bref, il n'est possible d'offrir aux élèves qu'une interprétation momentanée susceptible de changer radicalement en une génération ou même pendant la seule période scolaire. Ainsi avons-nous assisté, récemment, à un grand tournant du cours de l'histoire, revirement que bien peu de gens auraient pu prédire. A n'en pas douter, aucun enseignant n'aurait abordé dans ses cours la probabilité d'un tel bouleversement. Enseigner l'histoire de l'Europe se résumait à ces facteurs dominants: la guerre froide, la course aux armements et la confrontation entre les superpuissances. Il aurait été impossible de spéculer sur l'effondrement de l'Union soviétique, sur la réorganisation de la carte politique de l'Europe de l'Est, sur la réunification de l'Allemagne ni sur les terribles événements qui ont remodelé l'ex-Yougoslavie. A l'Est comme à l'Ouest, les livres d'histoire des années 80 partaient à l'unanimité de ce principe: la situation politique et économique dominant l'après-guerre perdurerait jusque dans le prochain siècle. On voit donc que l'enseignement de l'histoire contemporaine doit permettre plusieurs interprétations et encourager les élèves à avancer leurs propres idées (même contraires) sur ce que l'avenir peut réserver; sinon, cet enseignement prend le risque d'être dépassé par l'enchaînement des événements.

Toutefois, cette approche plutôt ouverte à l'égard du cours fluctuant de l'histoire vient contredire le point de vue qui veut qu'auteurs et enseignants s'en tiennent aux faits attestés et prouvés. L'idée qu'il n'est pas possible de porter un jugement historique sur une situation encore en devenir est largement soutenue. Dans cette optique, le cours d'histoire doit s'abstenir de traiter de l'actualité, son interprétation étant susceptible de parti pris politique.

A vrai dire, cette opinion a bel et bien joué un rôle déterminant dans les discussions sur le nouveau programme italien. Semblable débat se poursuit en Espagne. Bien que persuasif, l'argument contre l'intégration des événements contemporains dans les cours d'histoire soulève, dans la pratique, un certain nombre de problèmes. En effet, ce qui constitue le «présent» est en soi sujet à interprétation. Comment traiter convenablement de l'histoire allemande de l'après-guerre sans inclure la réunification? Comment les manuels scolaires des pays Baltes pourraient-ils se terminer sur la période stalinienne ou sur l'ère Brejnev? Il n'est plus possible d'aborder l'histoire de ces pays sans évoquer les événements qui ont conduit à leur récente souveraineté. Mais si ce point de vue s'applique aux Etats baltes, qu'en est-il des autres pays? Il y a fort à parier qu'en Italie, en France ou en Norvège, les élèves ont connaissance des faits qui entourent l'effondrement du système soviétique et de toutes les ramifications qui continuent d'affecter les questions de souveraineté, ainsi que les relations politiques et économiques au sein de l'Europe.

Entre-temps, notre concept de l'Europe s'est considérablement élargi. L'accélération continue des événements nous a obligés à nous montrer plus souples en ce qui concerne notre définition de l'«histoire». Impossible d'interpréter une période de changements continuels sur un mode traditionnel et statique. Ainsi, les auteurs n'ont guère d'autre choix que d'adopter une perspective générale et d'essayer d'illustrer par des exemples à quoi pourraient aboutir ces changements.

En matière de manuels et de programmes scolaires, le rythme de l'évolution est extrêmement variable. Notre étude ne peut donc montrer qu'un échantillon des changements continuels et des constantes; un «instantané», en quelque sorte, d'une évolution permanente.

Avec les bouleversements survenus au début des années 90, les auteurs ont manifestement ressenti le besoin d'inclure des interprétations, voire des réflexions, qui tiennent compte de ces événements, et ce même lorsque les programmes ne l'exigeaient pas. Aussi, dans notre analyse, préciserons-nous les points suivants: l'année ou l'événement qui termine le livre scolaire; si les élèves sont encouragés à réfléchir sur le cours futur des changements; ou si le manuel scolaire présente une période historique comme un livre fermé, sans probabilité d'affecter l'avenir.

Clôturons ce débat par une citation extraite du rapport concernant l'un des séminaires du projet:

> «... le caractère provisoire de toute interprétation d'événements récents me semble offrir en soi une très bonne raison pour enseigner les changements contemporains au lieu de les éluder. Pour tout élève d'un cours d'histoire, il est certainement important de découvrir que l'interprétation des événements écrite par des gens qui les ont vécus n'est pas nécessairement plus valable, plus fiable ni plus véridique que celle écrite par des historiens quelques années ou siècles plus tard. En soi, cela peut être un moyen utile d'apprendre, *primo*, comment analyser de manière critique la surabondance des informations traitées et diffusées quotidiennement par les médias et, *secundo*, d'appliquer cette faculté de compréhension à l'étude des textes et des documents de première et de deuxième source concernant des périodes passées[1].»

L'histoire et les sciences sociales

Au cours des dernières décennies, des tentatives répétées ont tenté d'établir les sciences sociales en tant que discipline englobant des éléments historiques, économiques et politiques, ainsi que les nouvelles approches concernant les études sur l'environnement. Bien que l'histoire, en tant que discipline à part entière, ait réussi à survivre dans la majorité des pays européens, beaucoup d'institutions politiques responsables de l'éducation ont commencé à envisager sérieusement, surtout face à l'évolution rapide des technologies de l'information, de fusionner toutes les sciences sociales en une seule et même matière scolaire.

A cet égard, la mise en application du programme hongrois offre un intérêt particulier. A partir de 1998, l'enseignement se conformera au «programme national de base», ce qui aura une incidence majeure sur l'enseignement de l'histoire. En effet, le programme ne parle plus de matières séparées et distinctes, mais de «domaines d'enseignement». L'histoire relève du domaine intitulé «Gens et société».

Ce programme de base propose quatre objectifs: apprendre à l'élève à adopter les valeurs démocratiques; développer un sens de l'identité nationale, tout en reconnaissant et en protégeant les droits des minorités ethniques; faire accepter les valeurs humanistes que nous associons à l'Europe et considérer la Hongrie comme une partie de l'Europe; enfin, accepter d'assumer la responsabilité des problèmes d'ordre mondial qui affectent toute l'humanité. Comment ces quatre objectifs peuvent-ils être atteints dans la pratique?

---

1. Robert Stradling, rapport rédigé pour le Séminaire sur l'enseignement de l'histoire de l'Europe du 20e siècle: approches et problèmes, Budapest, Hongrie, 11-13 décembre 1997 (CC-ED/HIST/Eur (98) 1), p. 13.

A noter que, dans le domaine «histoire», bien que l'Europe ne figure pas toujours explicitement en tant que sujet d'étude, elle apparaît en filigrane dans presque tous les thèmes. Dans un exemple, il est même fait référence à l'«intégration européenne». Dans l'ensemble, on peut dire que le sujet tend à devenir classique et qu'il correspond plus ou moins aux principaux thèmes recensés dans les livres d'histoire des autres pays. Malgré une approche en général «intégrée», le domaine «histoire» conserve encore la séculaire division national/européen ou international. Comparativement, la dimension européenne est beaucoup plus présente dans le domaine «société et citoyenneté». Là on rencontre des suggestions thématiques du type «Notre place en Europe et dans le monde» ou «Notre Etat en Europe», avec des références à certaines institutions européennes.

Au vu des exigences des programmes, il n'est pas vraiment surprenant que les manuels d'histoire hongrois offrent si peu d'informations sur les institutions européennes, alors que les livres d'études sociales abondent en explications détaillées.

Progressivement, les manuels d'histoire se conformeront aux exigences du nouveau programme. Pour l'heure, un seul des ouvrages hongrois analysés adopte déjà une approche «intégrée», quoique sans respecter rigoureusement le nouveau programme. Les auteurs s'efforcent de donner au phénomène culturel une place plus proéminente. Ce manuel en est au stade de l'expérimentation et nous ignorons encore si les enseignants l'apprécient ou non.

Dans certains pays (Espagne et France, par exemple), géographie et histoire sont regroupées dans un seul et même manuel, bien que les deux matières continuent d'être traitées dans deux sections distinctes. Dans ces cas précis, nous avons uniquement analysé la section histoire.

En Norvège, un nouveau programme couvrant toutes les disciplines scolaires est en vigueur depuis 1997. A l'instar du programme national britannique, il définit des objectifs dominants pour toutes les matières, ainsi que des objectifs, méthodes et évaluations d'apprentissage ayant trait aux disciplines et aux thèmes. L'histoire s'inscrivant dans le champ plus vaste des études sociales, chacune des trois disciplines (histoire, géographie et éducation civique) est dûment reconnue. «Mais, dans un même temps», pour citer l'analyse norvégienne menée par Svein Lorentzen, «"l'être humain intégré" appelle des approches interdisciplinaires, ce qui confère au programme national de 1997 une double perspective.» Les objectifs d'apprentissage concernant la période postérieure à la seconde guerre mondiale prennent en compte les événements récents et parlent en faveur d'une coopération internationale et, en particulier, européenne. Ils entendent former des citoyens démocratiques capables de pensée critique et de négociation. Ainsi, les élèves devront «étudier les conflits et la coopération en Europe et ailleurs dans le monde, ainsi que les efforts liés au désarmement et à la justice internationale»; «étudier l'évolution politique en Europe après la seconde guerre mondiale, ainsi que réfléchir aux problèmes et aux possibles résultats des changements politiques survenus en Europe centrale et orientale».

Les manuels scolaires norvégiens que nous avons analysés sont déjà en conformité avec le nouveau programme et entièrement nouveaux[1].

Le cadre de travail du programme d'histoire

Dans la majorité des pays, le programme d'histoire suit un ordre chronologique, si bien que le 20e siècle est en général traité en dernière année de scolarité obligatoire. Mais, système scolaire oblige, il arrive aussi que ce sujet soit enseigné dans les classes de quatrième, troisième et seconde. Le style de présentation varie donc largement d'un pays à l'autre, selon le groupe d'âge ciblé.

Lorsque l'approche adoptée par le programme est résolument thématique, l'enseignement de l'histoire européenne du 20e siècle ne s'adresse pas à un niveau de classe spécifique. En revanche, si le programme suit une structure chronologique, l'unité enseignée dans les classes de quatrième, troisième et seconde traite, en principe, de la période allant de la première guerre mondiale au milieu des années 90. Dans certains cas, l'unité couvre aussi plus ou moins le 19e siècle. La division en périodes la plus fréquemment rencontrée – de la veille de la «Grande Guerre» à la «révolution silencieuse» actuelle – correspond à une interprétation (de plus en plus répandue dans la recherche universitaire) qui veut que le 20e siècle soit plus court que le 19e siècle, lequel engloberait la période allant de la Révolution française à la première guerre mondial[2].

Il est une autre différence dans la structure des programmes qui affecte les manuels scolaires. En règle générale, les programmes associent histoire nationale, européenne et mondiale. Mais dans la Fédération de Russie et dans certains autres pays, l'histoire nationale et internationale font traditionnellement l'objet de deux cours séparés (et de deux manuels distincts). Les manuels qui traitent de l'histoire russe sont plus complets que ceux consacrés à l'histoire générale. Or, le programme provisoire actuellement en vigueur entend montrer que l'histoire russe s'inscrit directement dans l'histoire mondiale; les manuels considèrent donc la Russie comme faisant partie de la civilisation européenne. Toutefois, les questions européennes sont le plus souvent traitées conjointement avec l'histoire générale ou mondiale prise en compte dans notre étude. Dans les deux types d'ouvrages traitant

---

1. L'un est en cours d'impression, ce qui nous a obligés à analyser le manuscrit.
2. Eric Hobsbawm, *L'âge des extrêmes: histoire du court 20e siècle*, Editions Complexe, coédition *Le Monde diplomatique*, 1999.

respectivement de l'histoire générale ou russe, nous comparerons les éléments se rapportant à la dimension européenne. Naturellement, la Russie n'est pas décrite de manière détaillée dans les manuels consacrés à l'histoire générale, lacune particulièrement flagrante pour la guerre froide; seul est mentionné son rôle international, sans pratiquement aucune allusion aux changements intérieurs qu'elle a entraînés. Résultat: les effets du changement européen général sur l'histoire nationale (et vice versa) ne peuvent pas être suffisamment étudiés. Cette division des manuels entre histoire de la Russie et histoire du monde est maintenue telle qu'auparavant mais, dans un certain nombre d'écoles, l'enseignement est tout de même dispensé de manière «intégrée». En coopération avec la Conférence permanente européenne des associations de professeurs d'histoire (Euroclio), l'institut Miros a récemment produit une édition pilote en deux volumes pour la période post-1945.

En Lituanie, le programme intègre l'histoire lituanienne à l'histoire générale (européenne et non européenne), ou plus exactement à l'histoire européenne, car l'histoire non européenne est à peine présente. Néanmoins, il existe toujours des livres d'histoire distincts, si bien que dans la pratique les deux domaines sont traités séparément, contrairement aux directives du programme. Le premier manuel à appliquer une approche «intégrée», publié récemment, commence par un point de vue européen sur l'histoire lituanienne (LIT 2).

Aux Pays-Bas, le nouveau programme en vigueur s'appuie moins sur l'ordre chronologique. S'écartant de cette approche dominante, le programme d'histoire hollandais formule des «objectifs centraux» pour l'enseignement social et historique – par exemple étude des formes de gouvernement en Europe, formation des blocs à la suite de la seconde guerre mondiale, relation entre les puissances économiques (Japon, Etats-Unis, Europe, Asie du Sud-Est), ainsi que coopération pratique entre les organes politiques/administratifs au niveau européen et liens entre politique nationale et politique européenne. Des thèmes tels que seconde guerre mondiale ou migration internationale suggèrent une approche européenne ou internationale comparative, même si cela n'est pas expressément demandé. Le but est d'aider les élèves à définir leur propre position en Europe. Compte tenu de ce type de programme, il n'est pas surprenant que les manuels d'histoire hollandais figurent parmi les rares à présenter le thème de l'Europe selon une perspective centrée sur l'élève.

Certaines des exigences de programme seront examinées plus en détail, car, en un sens, elles expliquent d'emblée le résultat de notre analyse. En France, par exemple, le programme d'enseignement de l'histoire du 20e siècle pour les collèges a défini des sujets d'étude qui modèlent profondément la structure du manuel. Ainsi, nous pouvons noter les thèmes principaux suivants[1]:

Guerres et crises de 1914 à 1945:
- la première guerre mondiale et ses conséquences;
- le déclin de l'Europe;
- la révolution russe et la fondation de l'Union soviétique;
- les Etats-Unis, de la prospérité à la crise – La crise économique mondiale;
- l'Italie fasciste – l'Allemagne national-socialiste;
- la France de l'entre-deux-guerres;
- la seconde guerre mondiale.

Le monde de 1945 aux années 60:
- les nouvelles relations internationales, la formation des blocs;
- la France de la IVe République, le redressement économique;
- l'émergence du tiers monde et la décolonisation;
- l'époque moderne, des années 60 à nos jours;
- l'accélération du progrès scientifique et technique, le développement culturel;
- la Ve République;
- les crises des années 70 et le monde d'aujourd'hui: la montée de nouvelles puissances (Japon, Chine, pays arabes);
- les nouvelles régions stratégiques: le cas de la région Pacifique.

En Espagne, le programme d'histoire pour l'enseignement secondaire *(Diseños Curriculares Españoles de Historia para la Educación Secundaria Obligatoria)* a proposé la sélection de thèmes européens suivante[2]:
- l'organisation politique et administrative de l'Espagne et de l'Europe;
- religion, art et culture en Europe du 15e au 18e siècle;
- le processus de l'unification européenne;
- l'Espagne et le monde: l'Union européenne et l'Amérique latine.

A noter que l'art et la culture, en tant que phénomène paneuropéen, doivent être abordés avec les débuts de l'époque moderne, mais ne figurent pas dans l'histoire contemporaine – dispositions officielles communes à beaucoup d'autres pays. A remarquer, cependant, que le manuel espagnol E 2 a inclus

---

1. Un nouveau programme a été publié en août 1999, mais il contient très peu de changements.
2. Un nouveau programme a également été publié, mais comme le programme français, avec peu de changements.

un chapitre qui revêt une dimension européenne, intitulé «Les artistes et les écrivains avant-gardistes du 20ᵉ siècle» (voir aussi l'excellent chapitre sur l'art et la philosophie dans ce livre).

L'Espagne se distingue aussi par son lien étroit avec l'Amérique latine, ce que reflète le programme scolaire. Le monde est représenté par les régions auxquelles l'Espagne se sent particulièrement attachée. C'est d'ailleurs une tendance des programmes, même dans les autres pays, de privilégier une relation nationale spécifique avec le monde.

En Norvège, les directives applicables à la classe de troisième mettent l'accent sur les idéologies totalitaires et sur les guerres mondiales en tant que pierres angulaires de notre siècle. Ainsi, les élèves devront étudier la révolution communiste en Russie, ainsi que le développement du communisme et du socialisme en Europe et en Norvège; réfléchir sur les idées qui sont à la base du fascisme et du nazisme, de manière à adopter une attitude critique à l'égard de ces idéologies et de leurs avatars modernes; examiner les forces, les conflits et les choix qui ont conduit aux deux guerres mondiales, ainsi qu'aux liens qui existent entre ces facteurs; étudier le déroulement des deux guerres et réfléchir à ce phénomène[1].

Dans de nombreux programmes d'histoire, la formation des différents systèmes politiques (les démocraties et, depuis l'indépendance, les dictatures) constitue un point prioritaire. Le premier programme lituanien, dans ses objectifs d'enseignement, en est un bon exemple. En associant compétences/connaissances à des références nationales/européennes, il incite à une réflexion critique et à une prise de conscience de la responsabilité internationale, reflétant ainsi les objectifs de multiples programmes appliqués dans les pays européens. Reste que ces objectifs d'enseignement (répertoriés ci-dessous) ne sont que partiellement réalisés par les premiers manuels d'histoire lituaniens:

- capacité à comprendre les formes du développement mondial et de l'histoire lituanienne;
- capacité à situer sur une carte les changements géopolitiques les plus importants et les principaux pays européens du 20ᵉ siècle;
- capacité à analyser les différences entre les sociétés démocratiques et totalitaires;
- capacité à comprendre le rôle du changement social dans l'histoire et à l'expliquer en l'illustrant par des exemples;

---

1. *Laereplanverket for den 10-aarige grunnskolen*, Det Kongelige Kirke-, utdannings- og forskingsdepartment, 1996.

- capacité à appréhender les grands problèmes de civilisation du 20ᵉ siècle: écologie, éthique, développement inégal des diverses régions du monde, danger d'autodestruction;
- capacité à lier les événements historiques européens à l'histoire lituanienne[1].

Le rôle du manuel dans l'enseignement varie considérablement selon les pays analysés. En général, on peut dire que lorsque le marché du livre est libre et ouvert, le rôle du manuel dans le processus d'enseignement tend à diminuer. En Grèce, en revanche, les cours d'histoire tournent essentiellement autour du manuel utilisé. En classe de troisième, le programme d'histoire est tellement lourd – du Moyen Age à la période post-1945 – qu'il ne faut guère s'étonner si l'on demande aux élèves de retenir, en priorité, les dates, noms et événements mentionnés dans le livre. Le manuel laisse d'ailleurs à l'élève peu de possibilités de former ses propres opinions et jugements. Qui plus est, les enseignants grecs s'appuient énormément sur le livre d'histoire pour préparer leurs cours. Depuis quelques années, l'Institut pédagogique, qui coordonne l'enseignement dans les écoles, fournit toujours au professeur un livre donnant des informations permettant d'exploiter au mieux les documents proposés dans le livre de classe. Ces «livres du professeur» existent aussi dans d'autres pays, telle l'Allemagne. Là, cependant, ils apportent un supplément de sources et de méthodes pédagogiques pour aider à construire les cours de chaque unité. Dans l'ensemble, ces livres nous ont paru ignorer la dimension européenne, tant dans le texte de l'auteur que dans les sources contenues dans le livre de l'élève. On voit donc que beaucoup d'auteurs n'ont toujours pas compris que l'Europe est un sujet qui mérite une analyse rigoureuse et approfondie.

Dans la Fédération de Russie, les manuels d'histoire sont en général à étudier paragraphe par paragraphe. Événements importants, personnages, conclusions et explications, tout ce qui est fourni dans le texte est souvent appris par cœur. La préparation des cours s'appuie essentiellement sur ces manuels, qui étaient donc largement utilisés dans la majorité des écoles des anciens pays socialistes. D'après l'une des rares études directes réalisées en Tchécoslovaquie, l'enseignant se servait du manuel comme principale source pour organiser et réaliser les cours. Voici quelle était la procédure habituelle: le professeur présentait un nouveau sujet oralement et les élèves devaient l'étudier et le revoir à la maison, notamment en s'aidant des tâches/questions proposées dans leur livre. Au cours suivant, les élèves étaient interrogés (contrôle/examen) sur ce qu'ils avaient appris, là encore essentiellement à

---

1. Lietuvos respublikos kulturos svietimo minierija: *Istorija V-XII kl (Vidurines bendrojo lavinimo mokylos programos)* (curriculum lituanien pour l'enseignement secondaire), Vilnius, 1993.

partir du manuel[1]. Bien que dans certaines écoles, la situation ait radicalement changé après 1989, l'enseignement continue en général à suivre un modèle plus traditionnel. Malgré la remarquable richesse des approches méthodologiques rencontrées dans les ouvrages et les efforts de la formation pédagogique pour s'éloigner d'une présentation centrée sur l'enseignant, dans la réalité (cela vaut aussi pour beaucoup de pays de l'Europe occidentale et méridionale), le professeur raconte une histoire et les élèves répondent aux questions (comme le révèle une récente étude menée en Italie[2]).

A l'opposé, dans certains pays nordiques, mais surtout en Angleterre, aux Pays-Bas et, dans une certaine mesure, en Allemagne, lorsque les enseignants exploitent une foule de documents complémentaires, le manuel sert souvent simplement d'outil de référence ou, parfois, ne sert pas du tout pendant les cours. En tout cas, il n'est pas toujours étudié systématiquement – ce qui serait d'ailleurs impossible en Allemagne, vu l'abondance des informations fournies. C'est à l'enseignant d'opérer un choix, ce qui n'est pas sans conséquence sur l'évaluation des résultats de notre étude: on ne peut absolument pas partir du principe que la totalité du contenu des manuels décrits dans notre étude est réellement utilisée pendant les cours.

---

1. Jan Prucha, *Teorie, tvorba a hodnocení uèebnic* (Théorie, évolution et évaluation des manuels scolaires) 2ᵉ édition, UUVPP, Prague, 1989.
2. Olga Bombardelli, *Quale Europa a scuola? Inchiesta sulla dimensione europea nell'uso dei libri di testo* (Quelle Europe à l'école? Enquête sur la dimension européenne dans l'utilisation des manuels scolaires), Franco Angeli, Milan, 1997.

II. Résumé des principaux résultats

Modes de présentation

Bien que chaque pays possède son propre système d'enseignement spécifique, il faut noter qu'au cours des dernières décennies et partout en Europe les auteurs de manuels ont évolué dans leur manière de structurer et de présenter les documents. Jusqu'au milieu des années 60, les ouvrages s'intéressaient en priorité à l'histoire de l'Etat ou de la nation. Depuis vingt ans, ils font une plus grande place aux questions générales, internationales ou mondiales. Certes, point de vue et teneur des manuels scolaires restent ancrés dans le concept de nation ou d'Etat, mais ce concept joue un rôle de plus en plus mineur. La priorité va aux questions historiques générales, qui peuvent être alors exemplifiées et traitées en profondeur par le biais d'événements spécifiques survenus dans tel ou tel pays.

Incontestablement, la nouvelle tendance est de voir l'histoire comme un processus social, qui affecte la vie de tous les jours, et non plus comme une suite d'événements dictés par des individus ou des institutions politiques. Peu à peu, faits, personnalités et dates finiront par perdre de leur importance au profit des conséquences à long terme entraînant des changements, lesquels ne peuvent plus être compartimentés selon certaines époques et certains Etats.

Dans les manuels analysés, les auteurs expliquent rarement les objectifs d'enseignement ou la structure du manuel. S'il est fait mention des objectifs, c'est souvent de manière trop générale, du type: «l'étude du passé aide à comprendre le présent» (E 1, p. 4; E 2, p. 5, par exemple). Dans les manuels espagnols E 2 et E 3, un «guide pédagogique» *(guía didáctica)* indique des objectifs d'enseignement plus détaillés pour chaque chapitre. Dans la préface du manuel grec GR 1, l'auteur dit qu'il espère qu'une connaissance de l'histoire permettra aux élèves de s'orienter dans un monde aux traditions et aux structures très diversifiées, tant sur le plan politique que culturel, afin que paix et prospérité puissent se réaliser. Mais quant à l'utilisation et à l'interprétation des manuels dans le cours, il est difficile de tirer des conclusions concrètes. Intérêts et problèmes actuels sont rarement évoqués pour justifier le choix ou l'approche d'un thème historique. A plusieurs occasions, les auteurs du manuel E 3 soulignent que la connaissance de l'histoire devrait favoriser une réflexion critique tout en décourageant les jugements simplistes et les modes de pensée manichéens. Jamais les auteurs ne mentionnent l'Europe ou une conscience européenne dans la description de leurs objectifs ou de leurs critères de sélection. Pourquoi tel sujet est-il choisi ou traité en détail plutôt qu'un autre? Cela reste un mystère pour les élèves. Bien souvent d'ailleurs, les élèves ignorent même qu'une sélection a été faite. Cela vaut particulièrement pour les présentations obéissant à un ordre chronologique. Le cours de l'histoire, tel qu'il se déroule dans le manuel, semble une représentation fidèle de la marche des événements «réels».

Pour la Finlande, l'un des manuels d'histoire (FIN 2) fournit des directives simples mais claires dans l'introduction. Les auteurs annoncent que le livre contient des éléments historiques relevant de multiples domaines – politique, idées, économie et culture – et qu'ensemble ils forment précisément tout le processus historique. Tous ces éléments ne sont pas traités à égalité, l'histoire politique restant au premier plan. Les élèves doivent comprendre les concepts historiques et les relations causales. Ces objectifs sont modestes, facilement réalisables en travaillant avec le texte, les illustrations et les cartes.

En général, on rencontre parmi les manuels analysés les différents niveaux de présentation – par exemple information/explication ou approche approfondie/approche élargie[1]. Mais il est rare qu'à l'intérieur d'un même livre les auteurs changent leur style d'écriture en fonction des sujets ou des niveaux d'explication. S'ils le font, ce qui les pousse à donner à tel ou tel passage une couleur particulière n'est pas expliqué; c'est aux élèves de le découvrir, alors que normalement ils ne connaissent pas la dimension linguistique d'un texte. Les recherches linguistiques montrent que, souvent, le texte descriptif véhicule ce message: ce qui est décrit doit être vu comme factuel et, par là même, comme «juste», et peut donc être accepté sans autre forme de questionnement. En clair, «description» égale «assertion». La fonction linguistique devient évidente lorsqu'une description purement factuelle se transforme en récit chargé d'affectivité, souvent émaillé de citations. On peut alors deviner que des questions particulièrement sensibles (nationales, par exemple) sont en jeu. Nous avons souvent constaté ce changement – description et/ou explication prenant un ton «passionné» – dans les manuels des pays balkaniques (livres macédoniens, en particulier).

Moins la présentation d'un manuel est uniforme et plus il est riche en documents de toutes sortes (cartes géographiques, photos, citations tirées de documents historiques, etc.), plus l'élève a besoin d'être guidé. Ainsi, les livres d'histoire français et anglais proposent, presque à chaque page, une variété d'approches du thème traité, qui visent à développer les compétences de compréhension et les méthodes d'interprétation. Le but est d'encourager

---

1. Ici nous nous référons à Herlihy, qui propose trois catégories: exposition-description, explication, investigation-argumentation (John G. Herlihy, «The Nature of the Textbook Controversy», dans John G. Herlihy, *The Textbook Controversy: Issues, Aspects and Perspectives*, Ablex Publishing, Norwood, N. J., 1992, p. 7.

les élèves à analyser et à définir par eux-mêmes le sujet étudié. Mais ils doivent savoir comment exploiter ces documents.

Rien d'étonnant donc à ce que l'un de ces ouvrages français (F 2, voir aussi E 1) réserve, d'entrée, toute une page pour expliquer le principe méthodologique de chaque double page: sur la page gauche et sur le tiers supérieur de la page droite figurent des «documents» (par exemple carte grand format, photographies, données statistiques, exercices et questions). L'élève commencera à travailler sur ces documents avant de lire le texte. Le texte même de l'auteur n'occupe environ que la moitié de la page droite. Les termes clés sont définis dans un encadré. En outre, chacun des cinq principaux chapitres se termine par un «gros plan» qui vient mettre en relief tel ou tel aspect du thème général, essentiellement à travers des sources et des illustrations. De toute évidence, il ne s'agit pas là d'un livre de lecture mais de travail. Les élèves doivent d'abord combiner différents éléments, puis tirer des conclusions, évaluer et comparer leurs résultats avec ce qui est écrit dans le texte.

A la dernière page d'un manuel d'histoire anglais (GB 4), un tableau répertorie, d'un côté, les points clés exigés par le programme et, de l'autre, les exercices correspondants. C'est une sorte de guide méthodologique sommaire qui éclaire l'itinéraire du manuel. Plages d'information relativement courtes, illustrations, cartes et graphiques, autant de supports que, souvent, l'élève doit lier à travers une activité. Comparé aux manuels centrés sur le texte, un manuel basé sur les compétences contient moins de faits et donnent moins d'explications toutes faites. Par conséquent, le statut accordé aux manuels d'histoire et leur mode d'utilisation varient considérablement d'un pays à l'autre. Cette observation est confirmée par quelques exemples concrets, pris dans certains «types» de livres d'histoire. D'un côté, nous avons les livres généralement centrés sur le texte (peu d'illustrations, surtout en noir et blanc, véhiculant peu d'informations), offrant, en principe, peu d'activités (tâches ou questions) à réaliser par l'élève (GR 1, par exemple). D'un autre côté, nous trouvons les livres qui contiennent une variété impressionnante de documents et d'outils destinés à l'élève (par exemple textes fictifs et authentiques, cartes, statistiques et illustrations en couleurs). Pour pouvoir les exploiter au mieux, le lecteur doit se reporter aux suggestions et directives normalement fournies en début d'ouvrage.

L'amplitude des différences, même à l'intérieur d'un même pays, trouve une illustration dans les trois livres d'histoire hongrois analysés: bien que dans chacun d'eux le rapport entre texte et documents (y compris cartes, photos, tableaux, etc.) soit pratiquement identique (environ 78 % de texte écrit par rapport à 22 % d'autres sources, H 1 contient 18 pages de sources textuelles (soit 6 % du volume), alors que H 3 n'en offre même pas une page entière (soit moins de 1 % du volume). Reste qu'avec ses 366 pages, H 1 – le

La maison européenne

MANUEL : MODE D'EMPLOI

Votre manuel est divisé en deux grandes parties :
- 31 chapitres d'histoire regroupés au sein de 5 blocs.
- 36 chapitres de géographie regroupés en 10 blocs.

} chaque bloc est précédé d'une double page de présentation **Découvrons ensemble**

Chaque chapitre est présenté sur une double page de la façon suivante :

Objectifs

Que devez-vous être capable de faire après avoir travaillé sur les documents, lu le texte et surtout participé à la leçon en classe ? Que vous demandera-t-on ? Voici une proposition de contrat, entre vous et votre professeur, que celui-ci adoptera ou modifiera selon le travail que vous effectuerez ensemble.

Titre du regroupement des chapitres

Regardez la table des matières. Chaque grand thème par exemple « La Première Guerre mondiale » ou « L'espace français », comprend plusieurs chapitres qui se complètent et que vous devrez revoir ensemble. En histoire, chaque période est présentée par un **film des événements** puis dans une **chaîne chronologique** dont votre professeur vous expliquera l'utilisation. En fin de thème, un **gros plan** permet de découvrir un point précis avec des activités plus variées.
Des **prépa-brevets** vous permettent de vous entraîner progressivement à l'examen.

Documents
(textes, cartes, photos ...)

Soyez actifs :
- Quelle est la nature du document ? Sur quoi vous renseigne-t-il ?
- Répondez aux questions. Elles vous guident vers l'essentiel, mais prenez aussi des initiatives. Que peut-on observer d'autre d'intéressant ? Peut-on rapprocher ce document d'un autre ?
- S'il s'agit d'un document iconographique, d'une pyramide des âges ou encore de cartes, cherchez dans les pages 5 à 11 comment les exploiter.
En appliquant la méthode, vous irez plus loin dans la découverte du document et, surtout, vous deviendrez capable de le *lire seul*.

Texte de synthèse

Après le travail sur les documents, ce texte revient sur les points que vous avez découverts.
Il vous dit ce qu'il faut savoir d'essentiel. Il est court et simple pour que vous puissiez le lire lentement, en étant très attentif aux mots nouveaux.

Des mots pour le dire

Il s'agit du vocabulaire essentiel du chapitre, c'est-à-dire de mots qui vous seront utiles à propos d'autres sujets. Vous devrez pouvoir les réemployer.
Certains, qui ne seraient peut-être pas dans votre dictionnaire ou dont le sens est particulier en histoire ou en géographie sont expliqués dans le lexique (page 218 à 224). Ils sont alors signalés par la vignette ◊ dans cette rubrique.

© HACHETTE LIVRE, 1993, 79 boulevard Saint-Germain F 75006 Paris ISBN 2.01.166816.6

(France) *Histoire Géographie. Education civique. 3ᵉ technologique* (1993)
© Hachette Livre, Paris

meilleur manuel sur le plan méthodologique – est aussi de loin le plus volumineux (H 3 ne compte que 168 pages).

Pour se rendre compte dans quelle proportion varient les approches didactiques, même à l'intérieur d'un même pays, il suffit de regarder l'Espagne. Le tableau 1 montre la part consacrée aux différents types de documents pédagogiques dans les livres d'histoire (en pourcentage du volume total).

Tableau 1: Différents types de documents dans les manuels espagnols

Manuels	Textes de l'auteur	Sources: textes sources et illustrations	Questions et réponses
E 1	60 %	5 % et 30 %	5 %
E 2	30 %	22 % et 30 %	18 %
E 3	30 %	20 % et 35 %	15 %
E 4	30 %	10 % et 50 %	10 %

Il va sans dire qu'un ouvrage en couleurs et de présentation attrayante coûte en général beaucoup plus cher qu'un manuel plus conventionnel, facteur à prendre en considération dès lors qu'il s'agit de proposer des recommandations pour améliorer les manuels. L'un des problèmes à prendre en compte est donc celui du coût. En effet, si riche et abondant soit-il, à quoi sert un manuel si l'élève ne peut se permettre de l'acheter? Pour un seul et même volume, les prix peuvent varier considérablement. Un livre d'histoire allemand pourra coûter entre 10 et 15 euros, en Pologne peut-être 6 et en Fédération de Russie seulement 1 euro. Dans bon nombre de pays, ce sont surtout les écoles privées qui peuvent se permettre d'acheter un manuel plus cher et plus complet. En principe, les livres centrés sur les compétences sont bien plus courts que les manuels «traditionnels», mais il faut aussi plus de temps pour les comprendre. Ainsi, dans les livres anglais, les unités contiennent souvent une centaine de pages, contre environ 150 pour les manuels français, alors que les manuels d'histoire russes, allemands et italiens comptent parfois plus de 300 pages. Les livres d'histoire anglais analysés s'adressent essentiellement aux élèves âgés de 14 ans, alors que ceux de l'Allemagne sont lus par les 15-16 ans. L'ensemble du texte est facile à comprendre en raison du style narratif employé, parfois émaillé d'éléments de fiction. Dans l'ouvrage anglais GB 1, à chaque page de commentaire correspondent entre 2 et 3 pages de documents complémentaires et d'activités, approche inconcevable pour les manuels russes, italiens ou allemands qui tendent à employer le ton sec et austère de la communauté scientifique. Dans les anciens Etats socialistes, la plupart des manuels surabondent en faits et font peu d'efforts pour introduire un discours narratif ou pour susciter la discussion. Quant aux livres d'histoire allemands et italiens, bien qu'ils contiennent aussi toutes sortes de sources, c'est le texte de l'auteur qui domine – au moins 50 % de chaque volume. Avantage: ils couvrent plus de sujets et donnent des explications plus détaillées. Inconvénient: ils sont souvent plus difficiles à comprendre, car ils emploient un certain nombre d'expressions plus obscures que l'élève ne saisira pas spontanément.

Les systèmes d'enseignement à tendance «indifférenciée» ont plus de mal à traiter les sources documentaires authentiques. En effet, les élèves mettent beaucoup plus de temps à évaluer par eux-mêmes ces documents que l'enseignant, qui lui peut sélectionner et résumer les aspects qu'il ou elle juge convenir au groupe d'apprenants concerné. Le système scolaire allemand, fondamentalement tripartie mais également composé d'établissements secondaires polyvalents (jusqu'à l'âge de 15-16 ans), se prête particulièrement bien à un examen approfondi des diverses approches et méthodes appliquées dans les manuels. Les éditions destinées au *Gymnasium* (modèle offrant des normes supérieures, l'équivalent du lycée classique français) contiennent souvent de longues citations (jusqu'à une demi-page), alors que pour la *Hauptschule* (niveau secondaire moins élevé), elles se limitent à de très brèves citations, souvent tellement elliptiques qu'il est difficile de les considérer comme des documents authentiques; en fait, elles réussissent rarement à véhiculer la conception du monde *(Weltanschauung)* qui se cache derrière leur formulation. Dans pareils cas, un commentaire de l'auteur constituerait certainement une meilleure solution – et, dans tous les cas, la citation est si trompeuse que cette explication s'avère nécessaire. Tous les enseignants d'histoire, à tous les niveaux, sont conscients de ce dilemme. Les sources documentaires authentiques posent un sérieux problème didactique au professeur comme à l'élève. Nous l'avons dit, les citations sommaires ne permettent pas à l'élève de comprendre le contexte; pourtant, dans les pays qui n'ont accès que depuis peu aux preuves documentaires, les auteurs veulent les inclure à tout prix. Souvent, hélas, la source citée n'apporte pas à l'élève de réponse satisfaisante aux questions qu'il veut poser.

Lorsque commentaires et documents sont particulièrement complexes, on peut généralement s'attendre à ce que la bibliographie et les informations fournies en fin de manuel ou de chaque chapitre soient plus complètes. Un index ou un tableau chronologique s'avère utile pour résumer les documents traités mais, pour en tirer profit, encore faut-il que l'élève soit motivé et capable de travailler de manière autonome. Ce sont surtout les manuels d'histoire allemands et français qui, de plus en plus, incluent des panoramas de ce genre. Un excellent exemple concernant les changements intervenus en Europe, intitulé «*Steps to European Unity*» (Les pas vers l'unité européenne), figure dans le manuel D 2, p. 270-271.

Seules quelques-unes des unités centrées sur les compétences traitent des questions européennes. Dans les manuels français F 2, sur trente et un sous-chapitres à double page, trois seulement sont explicitement consacrés à l'Europe, en général au début et à la fin. L'Europe est cependant présente dans la majorité des autres sous-chapitres, mais principalement sur les cartes géographiques, presque pas dans les questions ni dans les exercices. De plus, un «gros plan» traite plus ou moins de la société européenne en général, comme l'indique le titre «La société de consommation (…) et ses conséquences». Dans le manuel F 3 (p. 168), la section de travail (le «dossier») fournit des données importantes sur la construction de l'Europe, un extrait du Traité de Maastricht, des sondages d'opinion où l'Union européenne est jugée par le grand public et des informations sur les changements radicaux survenus en Europe de l'Est de 1989 à 1991. Quoi qu'il en soit, il est évident que les auteurs de manuels jugent aujourd'hui le thème de l'Europe de plus en plus important, car les questions européennes ne sont plus totalement négligées dans les sections des exercices et questions, comme c'était le cas il y a quelques années. En général, ces sections proposent des sujets que les auteurs estiment importants ou appropriés pour développer la capacité d'évaluation de l'élève.

Dans les pays européens de l'Est, les illustrations et les extraits de documents historiques jouent un rôle mineur. Souvent, ils se bornent à illustrer le texte. Ils n'offrent pas d'approche différente pas plus qu'ils n'ouvrent d'autres perspectives. En principe, ils servent à visualiser ce qui a déjà été présenté dans le texte. Cette démarche vaut aussi pour les manuels finnois, quoique dans une moindre mesure. L'évaluation ou l'interprétation d'une question repose presque exclusivement sur le texte.

Dans un manuel russe (RUS 1, p. 14), des questions concernant l'Europe sont proposées dans les conclusions, à la fin du chapitre d'introduction intitulé «Le monde au début du 20e siècle»:

> «De quelles manières l'hégémonie européenne s'exprime-t-elle et comment est-elle née?»
>
> «Quelles sont les facteurs qui expliquent la montée du nationalisme et du racisme en Europe au début du 20e siècle?»

De même apparaissent des questions liées aux conclusions de la section intitulée «Les espoirs de stabilité et l'optimisme des Européens» (p. 25):

> «Quelles sont les origines et les caractéristiques du militarisme européen?»
>
> «Pourquoi le pacifisme et l'optimisme des Européens n'ont-ils pas pu empêcher la guerre mondiale d'éclater?»

Ces questions supposent une seule réponse correcte. Leur fonction est de récapituler les principaux points de la section précédente, absolument pas d'encourager les élèves à faire part de leur opinion. Dans un seul des manuels russes (RUS 2, p. 155), l'une des deux questions traitant de thèmes européens est formulée de manière moins rigide (RUS 3 et 4 ne proposent pas de questions traitant de l'Europe dans son ensemble):

> «A votre avis, y a-t-il eu danger de conflit militaire en Europe au cours des années 20?»

Les manuels tchèques offrent très peu d'activités et de questions concernant l'Europe. En voici des exemples:
- essayez d'évaluer les résultats de la Conférence de Potsdam;
- quelles furent les causes de la guerre froide en Europe?
- en quoi consistait la doctrine du Président Truman?
- quelle fut l'influence du plan Marshall sur l'Europe d'après-guerre?
- quelles sont les causes qui ont conduit à la création de deux Etats indépendants en Allemagne en 1949? (CZ 2, p. 20).

Par ailleurs, quoique non mentionnée de manière explicite, la dimension européenne est présente dans les questions suivantes:
- décrivez le monde de l'après-guerre (c'est-à-dire, après 1945);
- comparez les conceptions des Etats-Unis et de l'URSS concernant le devenir du monde après 1945;
- expliquez les différences entre le système démocratique et la société de type stalinienne;
- expliquez les causes de la guerre froide (CZ 4, p. 14).

Le manuel slovaque SK 1, publié en 1995, illustre bien la façon dont les anciens Etats socialistes ont essayé d'introduire un concept didactique entièrement nouveau. En Slovaquie, l'enseignement de l'histoire s'est toujours efforcé d'inculquer des faits et des chiffres plutôt que d'encourager les élèves à la réflexion. Dans le manuel SK 1, premier livre d'histoire totalement nouveau publié après l'indépendance, les auteurs ont voulu apporter une dimension internationale en combinant compréhension textuelle et informations factuelles sur les événements et les personnalités. D'un point de vue didactique, cette approche est beaucoup plus ouverte puisqu'elle permet aux élèves de se former une opinion, tout en offrant une transition en douceur vers des méthodes d'enseignement plus modernes. Son intérêt est d'autant plus grand qu'à l'heure actuelle c'est le seul manuel disponible pour le commun des écoles. Non seulement il abonde en informations pour l'élève comme pour le professeur, mais il constitue un véritable outil pédagogique complet qui dépasse largement les exigences du programme officiel.

Incontestablement, les auteurs ont décidé de prendre le contre-pied des tendances nationalistes, qui ont aussi infiltré les pouvoirs éducatifs, en intégrant le point de vue européen et mondial dans un seul et même livre[1]. Le texte est complété par d'abondantes citations et par des illustrations, toutes figurant en regard des passages concernés, de sorte que le lecteur n'a aucun mal à mettre en correspondance texte et documents. Les exercices, à l'évidence conçus pour tester les connaissances, favorisent aussi la réflexion et le jugement critique des élèves. A la fin du livre, pour chaque décennie de ce siècle, les événements les plus marquants sont répertoriés à travers une série d'illustrations – parmi tous les manuels analysés, c'est l'invitation la plus motivante rencontrée pour mémoriser des dates historiques. Les illustrations comprennent aussi bien des scènes tirées de la vie quotidienne que des événements sportifs, politiques, culturels et technologiques. Autre outil précieux: un axe chronologique qui permet de mémoriser les dates.

C'est sans doute aux Pays-Bas que l'on trouve les meilleurs exemples de la manière d'associer les différentes approches et méthodes sans surcharger le contenu ni trop compliquer la présentation. Le texte est souvent crucial pour interpréter les problèmes tels que colonialisme, nationalisme ou conscience européenne. Mais les sources documentaires remplissent une fonction indépendante. Les illustrations sont parfois provocatrices et les sources stimulantes. Les éditeurs hollandais ont trouvé un compromis moyennant environ 200 pages par volume.

Tout en gardant à l'esprit ces multiples approches, notre intention n'est évidemment pas d'entreprendre la critique des différents types de structures des manuels d'histoire. Notre objectif consiste plutôt à déterminer comment et dans quelle mesure cette structure permet de rendre compte de la dimension européenne.

La nation, l'Europe et le monde

Pour commencer sur une note d'évaluation positive, reconnaissons que, dans l'ensemble, les relations européennes ne sont plus négligées comme elles ont pu l'être. Le lien entre histoire nationale et générale est souvent souligné, en particulier dans les chapitres traitant du 20ᵉ siècle.

Beaucoup de livres d'histoire décrivent de multiples façons les interdépendances qui caractérisent l'Europe. Ils mettent en valeur l'idée d'appartenance à l'Europe: la dimension européenne vient compléter la dimension nationale au lieu de la contredire. Globalement, les auteurs adoptent trois modèles pour essayer d'accorder une plus grande place à la dimension européenne.

---
1. L'histoire slovaque est traitée dans un manuel séparé qui, toutefois, est construit selon les mêmes principes méthodologiques.

D'abord, dans beaucoup de pays de l'Europe occidentale et méridionale (à l'exception de la Grèce), les livres d'histoire contiennent en général un paragraphe ou une page d'introduction (parfois deux) qui soulignent les grandes tendances et évolutions ayant marqué le 20e siècle. Les influences d'ordre européen et mondial sur l'histoire nationale sont abordées, mais la division entre histoire nationale et histoire internationale n'apparaît pas clairement. Lorsque les informations sont plus détaillées, la priorité va fréquemment à l'histoire nationale sans pour autant négliger la dimension européenne et internationale. Seuls quelques chapitres traitent exclusivement de l'histoire nationale. En ce qui concerne les manuels des nouveaux Etats membres du Conseil de l'Europe, la Tchéquie se distingue par son approche «intégrée». Dans leur majorité, ces manuels décrivent et expliquent constamment l'histoire tchèque dans le contexte de l'histoire européenne ou internationale.

Ensuite, nous préférons, naturellement, appliquer notre interprétation aux chapitres abordant explicitement l'intégration européenne, mais nous n'en avons pas trouvé beaucoup. Disons qu'en général les manuels plus récents consacrent plus de place au thème européen. C'est là une heureuse évolution car bien des enseignants connaissent mal le contexte historique du mouvement vers l'intégration, pas plus qu'ils ne maîtrisent les différents processus décisionnels, les responsabilités et les tâches des institutions européennes.

Enfin, nous avons rencontré une foule d'exemples, à l'Ouest comme à l'Est, où, dans le même livre, il est fait une distinction très nette entre histoire nationale d'une part et européenne/générale d'autre part. Bien que les deux aspects soient pris en compte dans le même manuel, ils sont traités comme des thèmes distincts. Le manuel contient deux explications différentes. Il est laissé à l'appréciation des enseignants ou des élèves de comprendre comment ils sont reliés l'un à l'autre.

Bien qu'en général les manuels d'un pays quel qu'il soit adoptent l'un ou l'autre de ces modèles, on voit parfois apparaître les deux dans les livres d'histoire d'un même pays. C'est le cas de la Finlande, par exemple. FIN 1 traite ensemble l'histoire finnoise et l'histoire mondiale/européenne, en privilégiant l'histoire nationale pour chaque période. Reste que le livre est construit autour de thèmes larges. Quant au manuel FIN 2, il traite de l'histoire finnoise et mondiale/européenne plutôt séparément, privilégiant lui aussi les sujets nationaux.

Le manuel espagnol E 1, pour l'étude du 20e siècle, consacre 85 pages à l'histoire nationale, avant de couvrir l'histoire internationale sur 71 pages. Les chapitres mentionnés ci-dessous traitent les sujets en tenant compte de la dimension européenne:

Pays individuels:

la révolution russe;

l'entre-deux-guerres;

l'Italie sous le régime fasciste;

le national-socialisme en Allemagne;

les guerres dans la péninsule balkanique;

la chute des dictatures dans la région méditerranéenne (Portugal, Grèce et Espagne);

la chute de l'Union soviétique;

la chute des systèmes socialistes (Pologne, Hongrie, République démocratique allemande, Tchécoslovaquie, Bulgarie, Roumanie et Yougoslavie).

Sujets généraux:

la première guerre mondiale;
la nouvelle carte de l'Europe

l'entre-deux-guerres;

la seconde guerre mondiale;

la confrontation Est-Ouest au cours des années 50;

l'économie mondiale aujourd'hui: l'Union européenne;

le concept des «Etats unis» d'Europe ;

de la Conférence de La Haye au Traité de Maastrich;

les difficultés liées à l'intégration.

De son côté, le manuel E 3 adopte une approche «intégrée»: les chapitres traitent de sujets historiques généraux, mais de petits sous-chapitres sont consacrés à l'histoire de l'Espagne. Parmi les sujets couverts dans les chapitres concernant l'Europe et les pays individuels et dans les chapitres traitant de sujets d'intérêt européen général, citons:

la révolution russe;

l'Allemagne après le Traité de Versailles;

l'Italie, la première exception en Europe;

une imitation de Mussolini: le régime nazi;

la première guerre mondiale;

une nouvelle Europe: 1918;

dictatures contre démocraties;

la seconde guerre mondiale;

l'Europe, un continent détruit et divisé.

la confrontation Est-Ouest;

les conflits au sein du bloc socialiste;

les changements en Union soviétique;

conflits: la guerre de Bosnie;

le redressement de l'Europe: premiers pas vers une coopération européenne;

le Marché commun européen;

les pays de l'Est;

la nouvelle carte de l'Europe de l'Est.

Le tableau 2 montre non seulement les similitudes en ce qui concerne le sujet, mais aussi les disparités quant à l'importance accordée à l'histoire des pays et à l'Europe. Cette situation est confirmée par l'évaluation quantitative de la part allouée à chaque sujet dans les manuels respectifs (les chiffres sont donnés en nombre de pages consacrées à chaque sujet et le pourcentage du nombre total de pages de manuel que cela représente).

Tableau 2: Répartition des sujets dans les manuels espagnols

Manuel	Sujets			
	Histoire de l'Espagne	Europe pays spécifiques	Europe en général	Reste du monde
E 1	85 pages (55 %)	14 pages (9 %)	25 pages (16 %)	32 pages (20 %)
E 3	25 pages (17 %)	28 pages (19 %)	37 pages (25 %)	57 pages (39 %)

Malgré la tendance à la généralisation, l'histoire nationale demeure au premier plan. Il est clair que chaque pays continue de se voir comme le point de départ de toute description, le contenu européen ou mondial n'étant souvent abordés que s'il pèse directement sur l'histoire nationale du pays concerné. En outre, l'histoire nationale occupe le plus de place dans la majorité des manuels d'histoire.

En revanche, l'histoire locale ne revêt pas une importance systématique dans les manuels d'histoire. Les périodes et les zones géographiques traitées sont trop vastes pour être orientées vers une «petite zone» de telle ou telle région. L'étude de l'histoire quotidienne ou locale reste donc une exception.

L'histoire des pays spécifiques abordés et celle de l'Europe constituent les principaux thèmes. Quant à l'histoire mondiale, elle joue le plus souvent un rôle secondaire. La comparaison des informations quantitatives ne peut s'appliquer qu'aux manuels réunissant ces trois domaines. Voici, globalement, le pourcentage de place réservée à ces trois catégories: entre 30 et 50 % pour l'histoire nationale du pays; de 30 à 40 % pour l'Europe et de 10 à 20 % pour le reste du monde. En gros, les livres d'histoire des régions méridionales et orientales de l'Europe sont résolument axés sur l'histoire nationale (environ 50 à 60 %).

Pris individuellement, les manuels présentent d'énormes différences. L'histoire non européenne compte seulement pour 5 à 7 % dans les ouvrages polonais et 6 % dans le livre lituanien L 1, lequel traite exclusivement de l'histoire internationale (non lituanienne). Du fait que le premier programme d'histoire lituanien faisait totalement l'impasse sur l'histoire non européenne, il n'est pas étonnant que ce manuel s'intéresse uniquement à l'Europe[1].

Il est frappant de voir que la part des questions européennes augmente rarement lorsqu'est traitée la période de l'après-guerre. Parce que guerres et dictatures passent habituellement pour des phénomènes européens, les manuels couvrent plus l'histoire de l'Europe pour la première moitié du siècle que pour la seconde, cette dernière étant façonnée par les superpuissances. Le cas de la Norvège, où aux deux périodes correspondent des manuels distincts, illustre parfaitement cette division: alors que les ouvrages destinés à la classe de troisième réservent environ 40 à 50 % de place aux questions européennes, cette place se réduit à environ 20 à 25 % en classe de seconde. Proportionnellement, la part de l'histoire non européenne (américaine, africaine et asiatique) est supérieure (presque 50 %).

Pour la Grèce, le manuel GR 1 offre aussi un pourcentage élevé (66 %) d'histoire nationale, contre seulement 4 % (proportion négligeable) des documents pour les thèmes non européens. Les sujets internationaux traités se limitent aux Etats-Unis et, en tant qu'exemples, à l'Extrême-Orient, à la Chine et au Japon.

L'Allemagne représente, si l'on peut dire, le carrefour des événements politiques du 20e siècle, du fait qu'elle est fortement impliquée dans la déclaration des deux guerres et qu'elle a connu les trois types de régime – démocratique, fasciste et communiste. Les exigences des traités de paix internationaux (Traité de Versailles et Accord de Potsdam, par exemple) ont eu un effet durable sur le développement national de l'Allemagne. Les livres d'histoire traitant du 20e siècle s'articulent autour des moments politiques décisifs suivants:

- le déroulement et les résultats de la première guerre mondiale;
- la République de Weimar;
- le national-socialisme;
- le déroulement et les résultats de la seconde guerre mondiale;

---

1. Les sujets internationaux mentionnés au programme étaient les suivants: la première guerre mondiale, les révolutions de février et d'octobre en Russie, le gouvernement fasciste en Italie, fascisme/autoritarisme, la prise du pouvoir par les nazis en Allemagne, la seconde guerre mondiale, la mort de Staline, la réforme de Khrouchtchev, la guerre froide et l'effondrement du système communiste.

- la République fédérale et la République démocratique allemande: réunification;
- les superpuissances: les Etats-Unis et l'Union soviétique;
- la scène des événements mondiaux (Moyen-Orient/tiers monde).

La place faite à l'histoire nationale (entre 40 et 70 %) est l'une des plus élevées en Europe occidentale, non pas au détriment de l'histoire européenne mais de l'histoire mondiale, dont la proportion a en général chuté par rapport aux manuels des années 80. Il est vrai qu'au cours de la décennie écoulée la réunification et le débat public permanent sur le caractère du national-socialisme ont entraîné une augmentation de la part consacrée à l'histoire allemande. Mais reconnaissons que, globalement, les manuels allemands intègrent l'histoire nationale aux changements survenus à l'échelle européenne et mondiale. La comparaison (tableau 3) entre deux livres parus chez le même éditeur (en 1983 et 1996) permet d'illustrer cette évolution.

Tableau 3: Répartition des sujets dans deux manuels allemands

Sujets	Pourcentage de pages traitant de ces points dans *Zeiten und Menschen* (1983)	Pourcentage de pages traitant de ces points dans *Rückspiegel* (D 5, 1996)
L'Allemagne	56 %	60 %
Les pays européens	11 %	12 %
L'Europe en général	10 %	20 %
Le reste du monde	23 %	8 %

L'approche méthodologique a aussi participé de cette évolution, quoique sans doute pas intentionnellement. Les périodes difficiles (national-socialiste, par exemple) et, de plus en plus, l'histoire de la RDA sont documentées par de longs témoignages qui, bien naturellement, requièrent plus de place.

Dans les manuels d'histoire français, la division en périodes est, par comparaison, bien moins soumise à l'histoire nationale: les deux guerres mondiales; le développement de la Russie/Union soviétique, les Etats-Unis, l'Italie fasciste et l'Allemagne national-socialiste; les relations internationales et les problèmes mondiaux après 1945; les IVe et Ve Républiques (la table des matières de ce manuel figure dans l'annexe I).

Lorsque d'autres pays sont mentionnés, pas simplement dans le contexte général des relations internationales mais pour eux-mêmes (étude de leur situation intérieure, par exemple), ce sont les puissances mondiales qui, sans conteste, ont la préférence. L'Europe des nations est avant tout une Europe qui a subi l'influence de la Grande-Bretagne, de la France et de l'Allemagne, ainsi que – dans la mesure où elle est clairement posée en tant que puissance européenne – de la Russie ou de l'Union soviétique. Cette tendance à privilégier les puissances mondiales va d'ailleurs si loin que les pays voisins, avec lesquels ont souvent existé des relations plus étroites ou, du moins, plus durables, ont été avalés par elles et pratiquement disparu du texte, ne figurant (et encore pas toujours) que sur les cartes géographiques. Cette tendance vaut pour tous les manuels d'histoire européens analysés.

Pour les livres d'histoire de l'Europe de l'Est, l'approche diffère quelque peu. En Pologne, par exemple, ils traitent en détail de l'ancienne Tchécoslovaquie et de la Hongrie, ces pays ayant connu le régime soviétique de manière très semblable à la Pologne. Quant aux manuels russes, ils consacrent des sections entières à l'Europe centrale et méridionale de l'Est. Dans les Etats balkaniques, l'Europe est rarement traitée comme un sujet à part entière. Presque toujours, on rencontre une division entre histoire nationale et histoire internationale, quoique parmi les récents manuels croates et bosniaques certains semblent amorcer un nouveau virage, essayant d'inclure cette question très sensible: trouver un équilibre entre autodétermination nationale et désir de participer au processus d'intégration à l'Europe. Mais la manière d'appliquer cette division ne semble pas faire l'unanimité, les auteurs craignant de promouvoir ou de renforcer un concept stéréotypé du «problème des Balkans».

En «ex-République yougoslave de Macédoine», les manuels couvrent chaque période historique selon une perspective mondiale, balkanique et nationale, mais cette approche ne permet qu'une compréhension superficielle de l'histoire nationale dans un contexte européen ou international, car les trois domaines sont rarement interconnectés. Il est tout à fait évident que la question clé demeure le problème de l'autodétermination nationale, en particulier au 20e siècle, la dimension européenne passant au second plan. L'image de soi et celle des autres sont d'abord façonnées par l'histoire, toujours actuelle, des conflits mutuels.

Plus l'Europe est vue comme une entité et plus est reconnue son influence sur les sociétés européennes, moins les Etats individuels sont traités. L'inverse apparaît également vrai: là où les pays individuels sont traités en détail, une perspective plus générale, soulignant les facteurs structurels, perd du terrain. Cette tendance prend une forme extrême dans les manuels polonais. Les auteurs polonais préférant une approche orientée vers les différentes nations, ce sont donc 90 % des questions européennes qui sont abordées à travers elles.

Il est à noter que lorsqu'il n'existe qu'un seul livre d'histoire par niveau de classe ou que histoire générale et histoire nationale sont séparées, la dimension non européenne n'est que faiblement représentée (bien moins de 10 %), ainsi la Fédération de Russie et la Lituanie, où l'histoire générale ou internationale est essentiellement filtrée à travers le prisme de la tradition européenne.

Abordons à présent les thèmes traités dans les manuels. Les Etats-Unis représentent le monde du 20e siècle et demeurent la seule puissance non européenne dont la situation intérieure est développée relativement en détail, en particulier dans les manuels de l'Europe du Nord et italiens. Chine et Japon sont souvent mentionnés, mais ils monopolisent rarement un chapitre ou une section. La division Nord-Sud ou l'écart économique entre les pays industrialisés et le tiers monde font l'objet d'un commentaire critique dans les livres d'histoire de nombreux pays, surtout en Europe centrale et orientale. Quant aux mouvements anticoloniaux et au processus de décolonisation, presque tous les manuels en parlent d'une façon ou d'une autre. Toutefois, les ouvrages macédoniens réservent seulement quelques chapitres aux développements internationaux hors des Balkans, moins en fait que dans les anciens manuels. FYROM 2, dans l'édition de 1992, consacre presque une page entière au sujet, alors que l'édition de 1998 ne lui laisse que quelques phrases, traitement qu'il faut donc juger totalement superficiel.

Sans être réellement occulté, le fait que l'Europe ait assujetti une grande partie du monde non européen aux temps de l'impérialisme n'occupe pas une place centrale dans les livres d'histoire traitant du 20e siècle. A la suite des deux guerres mondiales, les puissances européennes ont dû renoncer progressivement à leurs possessions étrangères. Ce processus donne lieu à des descriptions très différentes, tant du point de vue qualitatif que quantitatif.

L'une des conséquences de la mondialisation reste que les manuels présentant l'histoire du 20e siècle doivent mettre davantage l'accent sur les aspects internationaux. Pour autant, la dimension européenne passe-t-elle au second plan? C'est en tout cas ce qui apparaît dans certains nouveaux livres d'histoire italiens qui, dès lors qu'ils abordent le 20e siècle, incluent presque toutes les parties du monde; leur structure est tellement complexe que l'élève a certainement du mal à s'y retrouver. Dans l'un de ces manuels (I 4), on relève non seulement les sujets traditionnels attendus, mais aussi des documents concernant les thèmes les plus divers: darwinisme et racisme, immigration juive en Palestine, construction des canaux de Suez et de Panama, mode de vie des populations indigènes en Australie et en Nouvelle-Zélande, mouvements du colonialisme et de l'indépendance en Afrique, transformation des sociétés indienne, chinoise et japonaise, situation des minorités (Arméniens et Kurdes, par exemple), goûts musicaux des jeunes américains, exploration de l'espace, situation du Brésil en voie de devenir un pays développé, situation des femmes dans les régions islamiques…, en somme, un véritable kaléidoscope du monde moderne. Reste à savoir si l'enseignant peut faire face à cette panoplie de documents ou si professeur et élève vont purement et simplement crouler sous ce choix pléthorique. Vont-ils sauter d'un sujet à l'autre, incapables de trouver ni le temps ni les informations contextuelles nécessaires à une étude détaillée des sujets importants? Peut-être les auteurs de manuels devraient-ils avoir le courage d'opérer une sélection plus rigoureuse. C'est en tout cas un exemple qui montre à quel point la «culture d'apprentissage» d'un pays, la formation des enseignants et les exigences du programme peuvent influer sur le contenu et sur l'approche méthodologique d'un manuel d'enseignement de l'histoire.

Ainsi, la plupart des livres analysés tentent de créer une image mondiale du présent, même si cette dernière fait ressortir tel ou tel pays et l'Europe. Néanmoins, la façon de procéder varie considérablement, comme en témoigneront plus loin d'autres exemples.

Thèmes liés à l'Europe

Tels qu'ils sont présentés aux élèves, les facteurs clés du développement européen au cours de notre siècle ne font pas honneur à notre partie du monde. L'Europe du 20e siècle est déchirée par les guerres et divisée par les forces antagonistes des dictatures et des démocraties. Cette impression est d'autant plus forte que les cours d'histoire sur le 20e siècle commencent en général par la première guerre mondiale. C'est le cas des nouveaux manuels utilisés en dernière année de scolarité obligatoire, et même des manuels finnois couvrant la période de 1800 à nos jours. Les «puissances impériales» et leurs querelles conduisant à la guerre, leur structure politique intérieure et la consolidation des conditions sociales au plus fort de l'industrialisation, tous ces points sont le plus souvent attribués au 19e siècle. La première guerre mondiale représente donc bel et bien un tournant pour l'enseignement de l'histoire contemporaine, du moins si est adoptée une approche chronologique. La période de l'entre-deux-guerres se caractérise par la lutte pour défendre les formes démocratiques de gouvernement nées après la première guerre mondiale. En revanche, le siècle se termine sur une série d'événements jugés beaucoup plus positifs: l'effondrement du système communiste, qui entraîne la complète indépendance des pays et des nations auparavant sous le joug de l'Union soviétique.

La majorité des manuels commencent par une présentation générale de la première guerre mondiale et de ses graves conséquences. La guerre et sa fin sont habituellement vues comme des événements européens qui ont «redessiné» la carte politique du continent, porteurs cependant d'une évidente

45

perte de puissance. Là où l'époque de l'impérialisme apparaissait comme une période de puissance européenne durant laquelle l'Europe avait marqué le monde de son empreinte, c'est aujourd'hui le «déclin de l'Europe» qui est annoncé. Les Etats-Unis insufflent un grand élan à la redéfinition du continent européen: l'opposition à la Russie révolutionnaire ou, plus tard, à l'Union soviétique, se profile déjà. Les nouveaux Etats nés du Traité de Versailles furent contraints d'accepter le fardeau des conflits idéologiques et nationaux. Tout le problème des minorités ethniques, aujourd'hui revenu en force, est étudié plus largement dans les livres analysés ici que dans ceux publiés avant 1990. Les manuels italiens, en particulier, fournissent une présentation relativement complète des différents groupes et régions ethniques, alors que d'autres n'offrent que quelques exemples, dont des statistiques ou des tableaux.

Ensuite, les manuels analysés se tournent vers l'histoire nationale de leur pays jusqu'à la seconde guerre mondiale. Ce sujet englobe la crise économique mondiale, qui fait parfois l'objet d'un chapitre entier sous un titre à résonance mondiale ou européenne. Suivent alors, dans presque tous les manuels, des chapitres consacrés au fascisme en Italie et en Allemagne nazie, et au système soviétique. La seconde guerre mondiale et l'occupation de la quasi-totalité de l'Europe (à l'exception de la Grande-Bretagne) par l'Allemagne national-socialiste, voilà d'autres événements qui incluent l'Europe et affectent directement l'histoire nationale. Quant au combat mené contre les dictatures pour l'affirmation nationale et pour l'autonomie démocratique, il est traité selon une perspective européenne. Le fascisme s'est propagé «en Europe», mais il ne semblait pas enraciné dans la pensée européenne – au pire a-t-il été le fruit de la crise économique mondiale; la «domination de Staline» s'est développée parallèlement. Les puissances occidentales n'ont eu d'autre choix que d'entrer dans une alliance stratégique qui n'a pas survécu à la guerre. L'histoire de la lutte entre démocratie et dictature s'est poursuivie au lendemain de la défaite du fascisme sous la forme d'une opposition au système soviétique.

En conséquence, les grands thèmes majeurs se retrouvent dans tous les manuels: les deux guerres mondiales, le développement de la Russie ou, plutôt, de l'Union soviétique, les Etats-Unis, l'Italie fasciste et l'Allemagne national-socialiste, les relations internationales et les problèmes mondiaux post-1945. Ce schéma, globalement construit selon le modèle chronologique de l'histoire et autour des sites où se sont déroulés les événements marquants, est particulièrement évident dans la structure très transparente des manuels d'histoire français.

Guerres ouvertes et guerres froides sont les principaux sujets qui, pour le 20e siècle, bénéficient d'une approche européenne. Le fait que tous les manuels analysés prennent désormais en compte la dissolution de l'Union soviétique n'a que peu modifié leur structure. Dans l'ensemble, l'Europe est présentée comme un continent divisé, déchiré par la rivalité entre démocratie, fascisme et communisme. L'avenir reste trop incertain pour que l'on puisse montrer la victoire de la démocratie comme le résultat historique de ce processus. Cette victoire est sans nul doute l'ultime but des peuples de l'Europe, mais elle n'est perçue que comme un succès partiel – comme le symbolise une carte figurant dans un manuel français publié en 1992, où l'on voit clairement que le processus de démocratisation n'est pas achevé; beaucoup de pays de l'Europe de l'Est apparaissent avec un point d'interrogation, car on ignore encore quel cours suivra leur système politique[1]. Dans un manuel polonais (PL 2), les titres des chapitres concernés sont plus optimistes: «Sur la voie de la démocratie» et «1989: le printemps du peuple».

Par cette peinture plutôt sceptique des «performances» de l'Europe du 20e siècle, rien d'étonnant à ce que l'évolution vers l'intégration européenne, qui n'a débouché que sur des résultats économiques et politiques après l'épreuve de la guerre et de la dictature, soit envisagée d'emblée comme inscrite dans le conflit idéologique de la guerre froide. De part et d'autre des anciens blocs, nombreux sont les manuels qui présentent le plan Marshall et l'effort de l'Amérique pour soutenir les pays de l'Europe occidentale contre l'Union soviétique comme la naissance même de la politique européenne. «Le plan Marshall exige la coopération européenne», titre un manuel hollandais NL 3. Certes, des bâtisseurs de l'Europe tels que Schuman, Spaak et Adenauer sont cités et décrits, mais on précise que l'élan vital est venu de l'extérieur. Les relations étroites avec les Etats-Unis sont en général évoquées en rapport avec l'histoire de l'établissement des organes européens de l'Ouest amorcé après la seconde guerre mondiale. Seuls quelques manuels soulignent les racines européennes originelles. La citation ci-dessous est extraite d'un manuel d'histoire français:

> «L'idée de Communauté européenne s'est forgée par étapes, à partir de la volonté d'un petit nombre d'Etats de régler les problèmes par le droit et non par la guerre, puis de constituer une grande puissance économique, à l'égal du Japon et des Etats-Unis.» (F 3, p. 166)

L'Europe est présentée comme une unité autonome, la description dépassant l'histoire politique des événements, créant de nouvelles perspectives ou ajoutant des «flash-backs» historiques. Mais ce cas ne se rencontre que dans une minorité de manuels.

---

1. *Histoire Géographie. 4e*, Belin, Paris, 1992, p. 180.

Nous en trouvons un exemple dans un livre d'histoire hollandais (NL 3, p. 96), où le sujet est traité sous le thème «Europe: union et désunion». Une carte de l'Europe montre les changements politiques survenus en 1914, 1921 et après 1945, cette dernière année apparaissant sous le titre «Les sphères d'influence en Europe». Cette section traite essentiellement de la répartition des pays européens entre les deux superpuissances. Comme dans beaucoup d'autres manuels, le blocus de Berlin, la construction du mur de Berlin, la guerre du Viêt-nam et la crise des fusées de Cuba constituent les pivots de la guerre froide, laquelle – à en croire les manuels – doit faire partie des connaissances générales de la majorité des élèves. L'unité européenne est avant tout considérée comme un processus politique et économique; les aspects culturels, prédominants dans la peinture de l'histoire de l'Europe à ses débuts, sont d'une importance secondaire – à quelques remarquables exceptions près que nous mentionnerons plus loin.

La différenciation critique, caractéristique de ce manuel hollandais – et d'un assez grand nombre de livres d'histoire des Pays-Bas –, se voit à la manière originale (à multiples facettes) dont est évaluée la situation politique des pays sous influence soviétique. Bien que soient abordées les étapes cruciales de la résistance contre la domination soviétique (en Hongrie, en Pologne et en Tchécoslovaquie, par exemple), il est suggéré à demi-mot que l'événement qui, pour beaucoup – tant à l'Est qu'à l'Ouest –, allait être «l'année miracle» de 1989, était inattendu. Un manuel italien (I 5) propose une formulation semblable dans son titre de chapitre: «Miraculeux – 1989: l'Europe n'est plus divisée».

Le terme «Europe»

Au vu de l'approche dominante décrite ci-dessus, il n'est pas tellement surprenant que le terme «Europe» soit souvent cité dans les textes et les cartes, mais rarement défini, analysé d'un point de vue historique ni explicité dans ses diverses acceptions (par exemple «La guerre en Europe de l'Ouest: 1939-1941» dans GB 3 (p. 52); «La victoire en Europe» dans GB 4 (p. 94)). Les exceptions à cette règle font plus loin l'objet d'une section.

Dans le manuel GR 1, le terme «Europe» est fréquemment utilisé mais presque toujours avec une acception géographique. D'où la distinction faite entre Europe orientale, occidentale, méridionale et centrale. Nulle part, il n'est fait référence à une «idée» ou à une dimension européenne; ce qui est d'autant plus étonnant que la Grèce, à l'instar de bien d'autres pays, considère toujours l'Antiquité grecque comme l'une des pierres angulaires de la civilisation européenne. Une explication possible à cette attitude pourrait être le fait qu'en Grèce histoire et humanités (c'est-à-dire, grec ancien, hébreu et latin) sont en général enseignées par une seule et même personne, qui pourrait donc être moins encline à traiter des questions contemporaines.

Pourtant, le terme «Europe» a bel et bien des implications qui, dans ce cas précis, dépassent largement une définition purement géographique. D'ailleurs, dans beaucoup des livres analysés, le terme suggère beaucoup plus ce que les auteurs ne cherchent à dire. Dans GR 1, l'Europe est déjà mentionnée dans la première phrase de la préface:

> «La fin de ce siècle représente un tournant majeur pour le peuple de l'Europe et du reste du monde.» (GR 1, p. 5-6)

Quelques phrases plus loin, on nous dit:

> «Ce livre traite [...] essentiellement de l'Europe. Notre continent, souvent appelé «l'Ancien monde», présente un intérêt particulier du fait que les événements qui se sont déroulés ici au cours des quelques derniers siècles ont influencé l'histoire des autres continents. C'est dans cette région que le nouvel hellénisme est né du déclin de l'Empire byzantin, naissance qui eut lieu au cours de la période que nous allons étudier.»

Le manuel couvre une période allant du Moyen Age à notre après-guerre! Ainsi, l'auteur n'introduit le sujet de l'Europe que pour mieux se polariser sur la phase décisive de l'histoire nationale grecque. La nation est carrément placée au sein de l'Europe, laquelle, même si sa culture et sa civilisation sont évoquées, ne figure jamais comme thème à part entière. La préface insiste sur l'importance de l'Europe, mais le manuel est presque entièrement consacré à l'histoire de la Grèce. L'Europe sert de vague toile de fond aux événements nationaux, qui tiennent le premier rôle. Dans leur majorité, les auteurs de manuels ont tendance à adopter cette optique, tout spécialement pour la période antérieure à l'établissement des institutions européennes.

De temps à autre et de manière ponctuelle, les textes laissent deviner quels événements historiques auraient pu conduire à des traits communs européens, mais quant à savoir dans quelle mesure ils ont conduit à l'unité européenne, ce propos ne prête pas réellement à une explication sérieuse, en dépit de certaines déclarations emphatiques rencontrées dans les manuels polonais:

> «La nuit du 31 août au 1er septembre 1939 fut la dernière nuit de paix en Europe.» (PL 3, p. 180)

> «En 1947, l'aide économique destinée à l'Europe dévastée par la guerre se limita aux pays qui se déclaraient ouvertement du côté des Etats-Unis[1].» (PL 1, p. 205)

---

1. Phrase trompeuse car l'Union soviétique n'autorisa pas les pays sous son influence à se joindre au plan Marshall.

Le terme «Europe» apparaît généralement dans les chapitres d'introduction de la première guerre mondiale, mais le sens et la portée du mot semblent aller de soi. Ses différentes significations ne sont pas développées, pas plus que sa teneur politique, économique, géographique ou culturelle. Cette lacune constitue l'un des obstacles majeurs à une compréhension consciente de la dimension européenne. Les élèves ne disposent d'aucune information claire et précise sur ce que signifie réellement l'Europe. Reste que, les cartes étant relativement uniformes, il se peut qu'elles contribuent à former dans l'esprit des élèves une représentation de l'étendue de l'Europe.

Le rôle central que joue le terme «Europe» dans l'analyse de la situation sociopolitique à la fin de la première guerre mondiale peut être illustré par quelques passages extraits de manuels hongrois. Aux premières pages, il est dit notamment:

> «Au tournant du siècle, la majeure partie du monde était sous le contrôle des grandes puissances [...] Comment doit-on juger la suprématie mondiale de l'Europe?» (H 1, p. 7)

> «A la fin de 1918, l'Europe se trouvait dans une situation malsaine et chaotique.» (H 1, p. 10)

Cette situation se traduit par ces signes:

> «Des révolutions, une agitation en Europe et en Hongrie» (H 2, p. 3) ou «Les années troublées de l'Europe et de la Hongrie» (H 3, p. 7)

> «La crise déclenchée par la guerre ébranle l'ancien système dynastique traditionnel des empires de l'Europe, et à sa place apparaissent des tentatives qui visent à un nouvel ordre ethnique, économique, politique et idéologique.» (H 3, p. 5)

Ici le texte suggère que la totalité de l'Europe est soumise à des conditions similaires, la Hongrie est une partie de l'Europe et, donc, soumise aux mêmes conditions, et l'ancien ordre européen est détruit, mais le nouveau n'a pas encore pris sa forme finale.

Malgré cette caractérisation élémentaire de la situation initiale, les manuels ne parviennent pas à fournir une définition géographique plus précise ni une différenciation intérieure de l'Europe. Les pays nordiques, par exemple, ne sont pas concernés par cette dissolution du «système dynastique des empires». En réalité, les arguments plaqués à l'ensemble de l'Europe s'appliquent essentiellement à la région d'Europe centrale qui englobe la Hongrie; mais cette précision ne figure nulle part dans le texte. Le concept «Europe» couvre sans discernement toute la période de l'après-guerre; il sert de terme générique pour représenter les changements politico-économiques survenus aux lendemains de la guerre. Pourtant, dans tous les manuels analysés (hongrois ou autres), ces changements ne sont illustrés qu'en référence à quelques pays isolés. La dimension européenne, tellement proéminente dans les phrases préliminaires, glisse progressivement au second plan.

L'utilisation du terme «Europe» n'est pas claire. Même sur les cartes les données statistiques ne se réfèrent en fait qu'à l'ancienne «Europe de l'Ouest» (F 3, p. 135, par exemple). Dans deux manuels finnois, tour à tour, les cartes excluent ou non de l'Europe les pays européens de l'Est, et ce sans jamais justifier cette représentation différente de l'Europe. A l'opposé, on trouve dans un manuel français une carte exemplaire, qui pose la question: «L'Europe de l'Atlantique à l'Oural?» (F 3, p. 167); les pays de l'Union européenne, l'aire économique européenne et les autres pays européens sont différenciés par des couleurs: à l'est, l'Europe est bordée par la Fédération de Russie, l'Ukraine, la Moldova et la Turquie (!). Quant au manuel anglais GB 4 (p. 97), il considère la Turquie comme une partie de l'Europe. Dans un manuel russe (RUS 2, p. 298), une carte, remarquablement complète, ne rogne pas les frontières des pays nordiques et inclut même l'Islande. Moscou se trouve d'ailleurs tout à côté de la frontière orientale de l'Europe.

A cet égard, le manuel grec est là encore intéressant. Bien que le terme «Europe méridionale» soit utilisé, il ne se réfère pas à la position de la Grèce au sein de l'Europe. La Grèce appartient tout simplement à «l'Europe», sans autre précision. Le concept d'«Europe centrale» joue un rôle important; l'«Europe orientale» est plus ou moins synonyme de Russie ou d'Union soviétique. En ce qui concerne le 20e siècle, les voisins balkaniques de la Grèce ne sont pas traités et, par conséquent, le terme «Europe du Sud-Est» n'apparaît pas! Mais, comparativement aux manuels des autres pays, les relations entre Grèce et Turquie tiennent une place privilégiée.

Quelles nouveautés par rapport aux manuels plus anciens?

Trois caractéristiques importantes héritées des anciens manuels scolaires

Premièrement, l'Europe est essentiellement décrite comme étant géographiquement transparente; les traits communs restent flous et sont, en général, plus négatifs (guerres mondiales/fascisme/communisme/guerre froide/division) que positifs (démocratie/liberté individuelle/droits de l'homme, etc.).

Deuxièmement, les instances européennes mises en place après la seconde guerre mondiale influent essentiellement sur la politique et l'économie; elles ont été fondées par des «autorités supérieures» pour répondre à des intérêts liés à la politique intérieure et étrangère, ainsi qu'à l'économie d'exportation. L'histoire au jour le jour reste une dimension encore rarement présente. La question de savoir ce qui unit les peuples européens, au-delà de leurs organisations, se pose rarement; pas plus que ne sont mentionnés les précurseurs du mouvement d'intégration des années 20. A quelques exceptions près, en dehors de considérations purement politiques et pragmatiques, l'idée européenne n'est pas abordée.

Enfin, pour la période examinée, l'image de l'Europe s'est radicalement transformée. Au cours des dernières décennies, l'enseignement de l'histoire avait pris l'habitude, à l'Est comme à l'Ouest, de penser en termes de blocs politiques. L'Europe était divisée et, le point de vue occidental remettait souvent en cause l'appartenance de l'Est à l'Europe, tandis que pour les pays sous l'emprise communiste, l'Europe de l'Ouest représentait le système capitaliste dominé par les Etats-Unis.

Etonnamment, aucune nouvelle conception n'est encore apparue, qui étendrait l'Europe de l'Irlande à l'Oural et de l'Islande à Malte. Si les cartes géographiques offrent cette image, elles ne sont pas relayées par le texte. Cette Europe élargie reste un défi, mais peu d'auteurs de manuels osent même s'interroger sur le devenir de l'Europe; comment supportera-t-elle et transformera-t-elle de manière productive la tension entre les différentes cultures, religions, langues et traditions historiques? Beaucoup de livres d'histoire abordent encore les pays de l'Europe selon la vieille idée d'un Etat plus ou moins homogène sur le plan ethnique, alors qu'en général cette vue ne résiste pas à l'analyse sociologique. Seuls quelques pays (Italie et Pays-Bas, par exemple) traitent plus en détail des groupes minoritaires installés sur leur propre sol ou de la cohabitation des différents groupes culturels. Ce sujet trouve sans doute davantage de place dans les manuels d'éducation civique. Rares sont les livres d'histoire qui osent se tourner vers l'avenir et discuter des options qui attendent les futurs citoyens de l'Europe. Mais là encore, on est en droit de s'interroger: ces problèmes sont-ils vraiment l'affaire des livres d'histoire?

Globalement, les résultats de l'analyse des manuels menée en 1995 restent vrais: les manuels de géographie ou d'histoire sociale offrent en général une plus grande richesse d'informations récentes, notamment sur la situation économique et sociale de la population dans les différents pays européens ou sur l'Union européenne dans son ensemble, ainsi que sur les aspects individuels de la politique européenne[1]. Par conséquent, pour se faire une idée générale de la manière dont les thèmes européens sont traités à l'école, il faudrait inclure ces sujets dans l'analyse.

---

1. Falk Pingel, *Macht Europa Schule? Die Darstellung Europas in Schulbüchern der europäischen Gemeinschaft* (L'Europe à l'école. Présentation de l'Europe dans les manuels scolaires des pays européens), Moritz Diesterweg, Francfort, 1995.

De nouveaux résultats reflétant les changements

Parallèlement, on remarque aussi certains changements. Dans de précédentes études sur la place faite à l'Europe dans les livres d'histoire, une critique revenait souvent: trop de place consacrée aux institutions européennes, présentées sous une forme complexe et difficile à comprendre. Une question semblait polariser l'intérêt: «Comment l'Europe fonctionne-t-elle sur le plan technique?» Le bâtiment de la Commission européenne à Bruxelles devint même le symbole visuel de l'intégration européenne – ce bâtiment est le «sujet européen» qui revient le plus souvent dans l'analyse européenne publiée par le Institut Georg-Eckert en 1995. (Cette illustration a été fréquemment reproduite dans le nouveau manuel d'histoire slovaque (SK 1). La voie vers l'intégration européenne était vue presque exclusivement comme un processus politique et économique. Cette approche institutionnelle unilatérale s'accompagnait d'un commentaire critique sur l'encouragement aux échanges économiques entre les membres de la Communauté économique européenne ou de l'Union européenne.

Certes on rencontre encore ce genre de présentation des institutions européennes (en «ex-République yougoslave de Macédoine», notamment, les manuels n'offrent pas une réelle perspective internationale ou européenne, mais décrivent l'Europe essentiellement à travers ses organisations), mais de plus en plus celle-ci s'accompagne de textes expliquant les tâches et la mission de ces organes de manière plus détaillée qu'auparavant; les progrès de l'intégration européenne sont donc maintenant observés en rapport avec l'histoire générale. Du moins peut-on dire que des efforts sont faits pour remplacer l'approche institutionnelle par une approche orientée vers les problèmes. En 1993, après une étude sur la représentation de l'identité européenne dans les manuels d'histoire, le Centre national d'information pour la documentation pédagogique d'Enschede concluait que les documents utilisés fournissaient rarement aux élèves matière à s'enthousiasmer pour l'idée de l'Europe. Le sujet était présenté de manière austère et ne touchait pas du tout les lecteurs: pas d'anecdotes vivantes, pas d'exemples de situations concrètes tirées de la vie réelle des citoyens européens; quant aux problèmes que présente l'intégration européenne au quotidien, ils étaient totalement passés sous silence[1]. Cette critique pourrait certainement s'étendre à la quasi-totalité des manuels d'histoire européens. Mais, reconnaissons-le, bien qu'apparaissent encore trop rarement des éléments quotidiens d'une identité européenne commune, cette situation s'est améliorée. Les auteurs hollandais ne sont pas les seuls à avoir pris cette critique à cœur. De plus en

---

1. Nationaal informatiecentrum leermiddelen (Centre national d'information pour la documentation pédagogique), *Een open oog voor Europa*, Enschede, 1993.

plus, similitudes et disparités des aspects sociaux au sein de l'Europe sont mentionnées, et les attentes (d'ailleurs souvent contradictoires) des jeunes gens vis-à-vis de l'unité européenne sont parfois évoquées.

De la Fédération de Russie à l'Espagne, les auteurs évoquent l'ambivalence de l'unité et de la variété. Le conflit entre revendication de la souveraineté nationale et dirigisme européen central transparaît dans certains textes. Si l'Europe devint plus concrète à travers des organisations supranationales ou internationales telles que l'Union européenne et le Conseil de l'Europe, elle ne doit pas pour autant se confondre avec elles. Il est souvent souligné, tout spécialement pour une nécessaire ouverture sur l'Europe centrale, orientale et orientale du Sud, que ces organisations se sont élargies ou que de nouveaux moyens de coopération s'imposent. Un tel point de vue ne se rencontre, naturellement, que dans les manuels publiés après l'effondrement de l'Union soviétique.

Reste que la méthode d'interprétation prédominante évolue plutôt lentement. L'intégration dans un contexte européen occidental et dans les institutions européennes demeure l'objectif principal, point de vue d'ailleurs reflété par les livres d'histoire de l'Europe de l'Est. Il s'agit de s'intégrer à la tradition européenne occidentale et de participer au développement, ce qui était auparavant inaccessible aux Etats socialistes. Toutefois, côté Europe de l'Ouest, les manuels prêtent plus d'attention aux événements des anciens Etats communistes qu'ils ne le faisaient durant la guerre froide. Avant l'effondrement de l'Union soviétique, les Etats de l'Europe de l'Est étaient en général considérés comme les vassaux de la superpuissance communiste, et l'on faisait une nette distinction entre démocraties de l'Ouest et dictatures de l'Est. Seule exception: les manuels scandinaves présentaient une image moins uniforme et plus positive de la société socialiste. Aujourd'hui, cependant, presque tous les livres d'histoire s'efforcent plus ou moins de mentionner les aspects marquants de la «perestroïka».

La part accordée aux thèmes européens a quelque peu progressé. Par rapport aux éditions des années 70 et 80, les livres d'histoire (surtout en Espagne) insistent plus sur la question de «l'Europe». Il est donc clair que, même dans la conscience historique de l'opinion publique, l'Espagne n'occupe plus en Europe la position isolée qui était la sienne sous le régime franquiste. Par ailleurs, compte tenu des événements survenus dans la décennie écoulée, les auteurs ont dû prêter une plus grande attention à l'Europe. Ce regard neuf, particulièrement évident, bien sûr, dans les manuels des anciens pays communistes, se constate aussi dans les ouvrages français. Quant au cas exceptionnel de l'Allemagne, il a déjà été évoqué.

La présentation des livres d'histoire a considérablement changé au cours des dix dernières années. Beaucoup de manuels offrent une variété de sources, d'illustrations ou d'exercices – parfois même plus importants que le texte. Auparavant, images, cartes, photographies, etc., venaient simplement illustrer le texte, lequel faisait autorité. Aujourd'hui, c'est souvent l'inverse. Ainsi, dans certains manuels français ou anglais, le texte est une simple illustration de ce qui est présenté au moyen d'images en couleurs, de graphiques. Dans les manuels plus anciens, les questions européennes étaient rarement traitées au moyen de documents. Là aussi, les choses changent. Certes, cela reste l'apanage d'une minorité de livres, mais les auteurs s'efforcent de susciter chez les élèves une réflexion sur l'Europe.

III. QUE PROPOSE-T-ON AUX ÉLÈVES?

Les différentes dimensions de développement: contextes social, politique, économique, culturel et technologique

Ce chapitre est l'occasion de présenter le contenu extrêmement intéressant de certains manuels pour ce qui est de l'évolution artistique et technologique. En illustrant ces aspects, auparavant négligés, par des exemples, nous allons peut-être donner envie aux futurs auteurs de consacrer plus de temps à l'art et surtout à la technologie, sujet de grand intérêt pour les élèves de ce groupe d'âge. La prédominance de la dimension politique, encore caractéristique des manuels d'histoire dans l'Europe d'il y a dix à vingt ans, a diminué. Facteurs politiques, économiques et sociologiques sont souvent étudiés ensemble.

En France, les manuels continuent de profiter largement de la rédaction de l'histoire sociale moderne, certainement grâce à l'Ecole des Annales françaises. Ainsi, la baisse de population en Europe et le rôle «incertain» des femmes durant la guerre et la période de l'après-guerre figurent au nombre des conséquences de la première guerre mondiale:

> «Les femmes ont remplacé les hommes partis au front [...] Mais pour beaucoup d'hommes la guerre n'a fait que renforcer la division traditionnelle: les hommes à l'avant, les femmes à l'arrière.» (F 4, p. 20)

Les rôles traditionnels ont donc été rétablis dès le retour des hommes. Le préjugé sexiste sur le travail a survécu aux temps de guerre.

Evoquant la couverture sociale, un manuel français la décrit comme un moyen d'améliorer le niveau de vie de la population durant les années de reconstruction qui ont suivi la seconde guerre mondiale. Il souligne que les salaires des femmes furent haussés au même niveau que celui des hommes (F 1, p. 110). La relation entre réglementation de la production, structure du commerce (libre-échange) et conditions sociales de la population revient souvent dans les manuels français. Reste que les informations fournies sont toujours tellement brèves que, sans explication plus détaillée – souvent apportée par des statistiques et autres documents visuels –, elle ne peuvent être vraiment utiles à l'élève.

Dans un chapitre consacré aux questions liées à l'avenir de la planète (F 4, p. 172), un tableau statistique fournit des données comparatives (espérance de vie, mortalité infantile, degré d'alphabétisation, etc.) sur les pays sous-développés et industrialisés. Dans tous les manuels analysés, les sections traitant de la crise économique mondiale abondent en éléments d'histoire sociale et en sources concernant les conditions de vie de la population.

Deux manuels finnois (FIN 1 et FIN 2) présentent l'évolution démographique, la migration et la naissance de l'Etat-providence comme des phénomènes européens, et non comme relevant de l'histoire de tel ou tel pays:

> «Une immense partie de la richesse apportée par la rapide croissance économique de l'Europe de l'Ouest servit à multiplier le nombre des services du secteur public. La société providence moderne, qui assure des services éducatifs, médicaux et sociaux équivalents pour tous ses membres était née.» (FIN 2, p. 320).

Certains des manuels italiens proposent (souvent au niveau de l'introduction) une étude extrêmement sérieuse d'un éventail de questions sociales. Dans l'un de ces ouvrages (I 5), les plus longs chapitres comportent trois subdivisions consacrées à ces thèmes: «L'humanité et l'environnement», «L'humanité et la culture» et «L'humanité et les institutions[1]». Un manuel russe (RUS 2) discute du thème des crises structurelles actuelles, des effets de la «révolution scientifico-technologique» et contient une section distincte sur «La formation des bases de la société de l'information: 1970-1995», autant de sujets rarement abordés dans les livres d'histoire[2].

Dans les manuels russes, les effets du marxisme se perçoivent encore dans la manière de traiter des tensions et des relations sociales, questions abordées avec force détails et considérées comme des moteurs importants dans le cours de l'histoire. Selon ces manuels, ce sont les problèmes sociaux non résolus après la première guerre mondiale qui ont amené les fascistes au pouvoir. Après la seconde guerre mondiale, on a mieux réussi à cibler les idéaux de justice sociale. D'après le manuel RUS 2, d'autres facteurs encore ont contribué aux avancées sociales: le maintien d'un ordre politique, les progrès en matière de droits de l'homme, la juste distribution des richesses

---

1. Un autre manuel italien (I 1) consacre trois chapitres à l'analyse détaillée des étapes du développement social au 20e siècle; les aspects sociaux, économiques et techniques sont pareillement traités. La deuxième partie s'intéresse aux sciences et à la technologie en tant que forces de production. La quatrième est consacrée au thème des nouveaux comportements de consommation et des nouvelles formes d'interaction sociale. Le chapitre 13, «La société occidentale après la première guerre mondiale», p. 286, évoque «La montée de la société d'abondance: entre progrès et consumérisme». D'autres sections abordent le rôle de la religion, la campagne pour l'égalité des femmes (juridique et sociale), ainsi que les mouvements de protestation des jeunes dans les années 60.
2. Ce manuel propose diverses sections sur les sciences, la technologie et la culture. Le chapitre «Sciences et technologie» figure dans le chapitre d'introduction, tandis que «Les Etats d'Europe et d'Amérique du Nord au tournant du 20e siècle», «Idées, art et littérature dans la société» et «Littérature et art» constituent autant de sous-sections du chapitre «Sciences et technologie» durant l'entre-deux-guerres.

et, plus généralement, la hausse du niveau de vie résultant de la révolution technico-scientifique. Un autre manuel russe (RUS 4), plus critique celui-là, note qu'à l'Ouest des pans entiers de la population sont passés à côté du progrès social. Le manuel RUS 1 exprime la crainte que les problèmes sociaux de l'Europe de l'Est ne finissent par s'aggraver pour s'enliser dans une instabilité politique plus grande.

Alors que chez les auteurs appartenant aux «vieilles» démocraties occidentales il est fréquent de trouver un point de vue critique sur l'inégale distribution des richesses et sur l'effondrement des programmes d'aide sociale, dans les anciens pays socialistes, en revanche, les auteurs prêchent la nécessité d'une liberté de marché absolue. A propos des difficultés et des inégalités sociales dans l'Union européenne, le manuel RUS 1 (p. 187) déclare:

> «Il devint évident que bon nombre des objectifs qui semblaient réalistes ne pouvaient être atteints (plein emploi, par exemple). Il devint évident qu'il fallait empêcher l'intervention de l'Etat: concurrence et forces du marché devaient retrouver leur liberté.»

Contrairement à l'approche détaillée et critique de la société industrielle moderne que l'on rencontre dans les manuels italiens et hollandais (et, dans une certaine mesure, français et allemands), beaucoup de manuels des pays européens de l'Est donnent l'impression que la période post-1945 n'est dans l'histoire qu'une simple note en bas de page, qu'elle n'en fait pas partie. Les manuels polonais n'apportent aucune description détaillée de la société d'après-guerre; ils se contentent de plus ou moins répertorier les événements et de mentionner les problèmes. Même traitement laconique de cette période dans les manuels anglais. Peut-être faudrait-il vérifier si (et dans quelle mesure) les thèmes absents sont traités dans les cours d'éducation civique?

En règle générale, les manuels polonais et tchèques s'attachent essentiellement à la dimension politique de l'histoire. Ils présentent, en substance, une histoire politique du continent européen, s'intéressant peu aux aspects historiques de la civilisation et de la vie quotidienne des gens, à leurs modèles et comportements culturels, opinions, préjugés, attentes. Dans CZ 2, dix personnalités européennes non tchèques sont décrites avec une relative précision. Il s'agit uniquement de politiciens: Adenauer, Brandt, Brejnev, Gorbatchev, Khrouchtchev, Monnet, Nagy, Tito, Ulbricht et Walesa. Néanmoins, ce livre reste le seul à proposer non seulement une description des événements historiques, mais aussi des informations sur le mode de vie des gens ordinaires (dans la période des années 20 et 30, par exemple), le prix de la nourriture, le montant des loyers, la mode ou les sports de l'époque.

C'est en fait parmi les manuels hollandais que les points de vue des gens, leurs sentiments et leurs attentes tissent le contexte des événements politiques et économiques suivants:

> «Après la première guerre mondiale, déception, pessimisme et crainte régnaient en Europe. Ces sombres sentiments étaient le résultat des atrocités de la guerre. Des millions de jeunes gens étaient morts ou infirmes. Parmi ceux qui avaient participé à la guerre, beaucoup étaient restés traumatisés. Ils n'avaient plus l'impression de faire partie de la société. Ils avaient aussi l'impression que leurs contributions à l'effort de guerre – avoir risqué leur vie pour leur pays – n'étaient pas reconnues. Ils avaient passé des années dans les tranchées et dans la peur, et considérablement souffert. C'est pourquoi on les appela la "génération des tranchées".
>
> La déception atteignait son comble dans les pays vaincus, tels l'Allemagne et l'Empire austro-hongrois. Pourtant, l'Italie, qui se rangeait du côté des vainqueurs, estimait le Traité de Versailles à son désavantage.
>
> Partout en Europe, chez les vainqueurs comme chez les vaincus, la peur prévalait. La peur du communisme et de la révolution. En Russie, les communistes étaient arrivés au pouvoir par le biais de la révolution. Beaucoup craignaient que cela ne se produise ailleurs en Europe, que la société européenne s'écroule et que les communistes sans Dieu ne s'emparent du pouvoir. Les politiciens qui promettaient que rien de tout cela n'arriverait pouvaient être sûrs de jouir d'une grande popularité.» (NL 4, p. 62)

Etant donné le rôle central joué par les deux guerres mondiales dans l'histoire du 20e siècle, il ne faut guère s'étonner que la technologie soit souvent envisagée sous l'angle militaire. Les manuels anglais, en particulier, offrent souvent une foule d'illustrations et de dessins de thèmes expliquant la puissance exterminatrice et le fonctionnement des armes utilisées. Mais jamais ils n'essaient de glorifier la guerre en soi. L'objectif est de montrer combien les armes modernes sont destructrices. La guerre, tout comme la société, a connu les effets de l'industrialisation. En Norvège, les directives officielles s'engagent résolument sur une autre voie, insistant sur l'aspect relationnel développé grâce à la technologie moderne et à la communication de masse. Les élèves doivent «expliquer comment la technologie moderne a «rétréci» l'univers, et comment les contacts, le commerce et la coopération entre pays et entre continents sont devenus de plus en plus nécessaires[1].»

Dans l'un des manuels anglais, «*The Space Race*» (la conquête de l'espace) fait l'objet d'un chapitre attrayant (GB 2). Les autres chapitres traitent des problèmes mondiaux de l'avenir; par exemple la sensibilisation à la destruction de l'environnement («La nouvelle moralité», GB 1, p. 94; «Le monde en évolution», GB 3).

---

1. *Laereplanverket for den 10 aarige grunnskolen*, Det Kongelige Kirke-, utdannings- og forskiningsdepartment, 1996.

Que propose-t-on aux élèves?

Source D The race into space

At first the Soviet Union appeared to be well in the lead, especially in April 1961 when they astounded the world by sending the first man into space. Overnight, Yuri Gagarin became a world famous name. Two years and two months later the Soviet Union scored another success when Valentina Tereshkova became the first woman in space. In fact, the Americans were probably already in the lead.

The American spacecraft were far more advanced than their Soviet counterparts, which is why they were taking longer to develop. However, it was in the interests of NASA, the National Aeronautics and Space Administration, to give the impression that they thought the Russians were ahead. Then the US government would spend still more money on the space programme. In the end it cost them 25 billion dollars. Watched by an astonished world, live on their TV screens, Neil Armstrong and Buzz Aldrin left Apollo 11 and landed on the surface of the moon on 20 July 1969. The USA had won the Space Race.

After the race

Space travel did not end with Apollo 11. There were more Apollo missions to the moon and the Russians landed an unmanned lunar rover, Lunakhod. The Soviet Union concentrated on developing their Mir space station while NASA produced the reusable Space Shuttle which could land back on earth, unlike all previous rockets. The emphasis was now on scientific and military research. The public were no longer fascinated by space now that the race was over. Space exploration was no longer in the news.

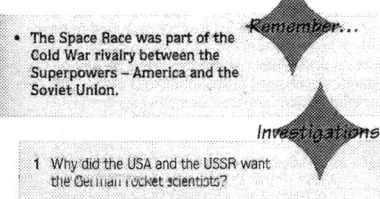

July 1969	Armstrong and Aldrin land on the moon.
January 1967	Three US astronauts killed in an accident testing the new Apollo spaceship.
February 1966	Russian unmanned spaceship Luna 1X makes first ever soft landing on the moon.
December 1965	American spaceships Gemini 6 and 7 link up in space.
March 1965	Russian cosmonaut Leonov becomes the first man to walk outside a spaceship in space.
June 1963	Valentina Tereshkova becomes the first woman in space.
February 1962	John Glenn becomes the first American to orbit the Earth.
April 1961	Yuri Gagarin becomes the first man in space.
October 1959	Russian satellite Lunik 11 takes the first photographs of the dark side of the moon.
October 1957	Russian satellite Sputnik becomes the first man-made object in space.

Remember...
- The Space Race was part of the Cold War rivalry between the Superpowers – America and the Soviet Union.

Investigations
1. Why did the USA and the USSR want the German rocket scientists?
2. Read Source B.
   a) According to President Kennedy, why did America want to land a man on the moon?
   b) What other reasons do you think that there might have been which Kennedy does not mention?

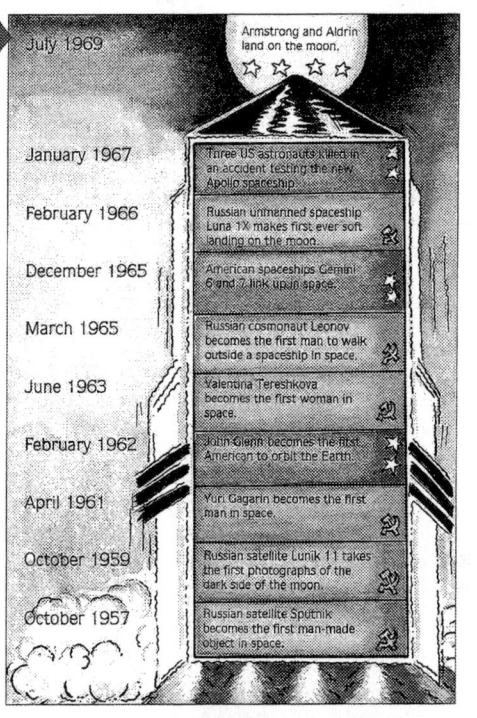

Source E Buzz Aldrin on the moon

89

(Grande-Bretagne) *Key History for KS3 – The Twentieth Century World* (1998)
© Stanley Thornes, Publishers for Education, Angleterre
Photo de Buzz Aldrin sur la Lune, avec l'aimable autorisation de la Nasa

Plus étonnant encore, le fait que guerres et dictatures apparaissent fréquemment dans les chapitres relativement peu nombreux sur l'art et la culture au 20e siècle. Les manuels français comportent tous un chapitre sur l'art de l'entre-deux-guerres (de même que les manuels italiens I 1 et I 2, ce dernier contenant un chapitre intitulé «L'art en tant qu'expression de l'angoisse de la société entre les deux guerres»). En outre, dans un ouvrage français (F 4), l'art est plus ou moins présenté comme «le témoin oculaire des régimes totalitaires», dans un sens négatif et positif: l'art peut être exploité au service d'une dictature, mais aussi être une expression de la résistance.

Dans le manuel SK 1, sur huit sous-chapitres traitant de la période post-1945, deux sont consacrés aux progrès scientifico-techniques et culturels. Chacun occupe une double page. Cette présentation facilite la compréhension des points les plus importants, d'autant plus qu'ils sont illustrés par des images frappantes. Inconvénient: il reste peu de place pour le texte, ce qui le rend extrêmement concis et factuel. Mais grâce à la variété des points de vue exprimés à travers texte et images, la présentation reste dans l'ensemble très impressionnante. Les exploits réalisés dans le domaine de l'exploration spatiale et de l'électronique sont mis en regard des dangers liés à la pollution nucléaire, ainsi qu'illustré par la catastrophe de Tchernobyl. Comme souvent dans ce manuel, les phénomènes quotidiens (agressions dans les stades de football, par exemple) et les grands événements politiques et culturels sont présentés côte à côte. Bien que l'Union soviétique, en raison de ses extraordinaires succès dans le domaine de l'exploration spatiale, trouve encore place dans le sous-chapitre sur la technologie, la majorité des exemples donnés dans la section culturelle proviennent du «monde occidental».

En comparant les manuels utilisés dans les Balkans, on constate que ceux de Bosnie-Herzégovine se polarisent sur les tensions occasionnées par la mondialisation technologique et culturelle, en particulier dans le secteur du développement économique. Ainsi, BiH 2 (p. 103) s'attache surtout à critiquer le fait que le monde «développé» tente de rejeter ses problèmes sur les pays «sous-développés», alors que dans un manuel croate le texte laisse clairement voir une confiance en un progrès économique et technologique constant (voir HR 2, p. 122 et 192). Le manuel macédonien FYROM 1 (p. 200) se montre particulièrement cavalier dans sa manière de traiter les événements qui ont suivi la seconde guerre mondiale: «Certes, il y eut des conflits localisés et des rébellions armées, mais qui restèrent sans effet sur l'évolution économique et technologique dans le reste du monde.»

Sciences et technologie, souvent considérées comme ayant un retentissement mondial dans ce siècle, bénéficient d'une plus large couverture que les changements intervenus dans la culture «quotidienne». Celle-ci (si elle est évoquée) apparaît plutôt dans les chapitres consacrés à l'histoire nationale.

Les manuels croates prétendent, avec une certaine raison, que les sciences sociales sont à envisager dans une perspective nationale, alors que les sciences naturelles sont un sujet qui touche le monde entier (voir HR 1, p. 73). Dans l'ensemble, on retiendra qu'en Europe du Sud-Est les manuels mettent en lumière telle ou telle réalisation culturelle principalement pour montrer combien leur propre pays est progressiste. Quoique dans le manuel GR 1 l'histoire de l'art et de la culture dépasse le simple cadre de la Grèce, les passages couvrant ces sujets s'intéressent surtout aux personnalités célèbres; l'enrichissement mutuel entre ces élites européennes est à peine évoqué. A cet égard, le livre slovaque SK 1 se distingue en préconisant qu'il n'est pas possible d'aborder ni la culture ni les sciences d'un simple point de vue national. Dans les manuels espagnols qui s'intéressent à l'influence des médias dans la vie quotidienne, on perçoit une note de mécontentement; les auteurs y voient plutôt un phénomène américain qui apporte plus d'uniformité que de diversité.

Liens entre histoire nationale, européenne et mondiale

Parmi les livres d'histoire français analysés, un exemple caractéristique est le croisement entre histoire générale – en l'occurrence mondiale – et nationale. Nous le trouvons dans le manuel français F 4 (p. 52), à la section traitant de la crise économique mondiale, intitulée: «La crise mondiale. La crise a-t-elle les mêmes aspects à travers le monde?» Cette crise est symbolisée par une illustration tirée d'une publication allemande, où l'on voit les tentacules d'une pieuvre menaçant d'enserrer le globe. Les conséquences pour les pays européens sont décrites ainsi:

> «La crise mondiale […] qui touche l'Europe industrielle […] La crise touche d'abord l'Autriche et l'Allemagne qui sont les plus dépendantes des capitaux américains. Le retrait des fonds américains entraîne une baisse de la production industrielle parallèle à celle des Etats-Unis. La situation s'aggrave en 1930 à cause des difficultés politiques allemandes. Krach boursier et faillite des banques ont des effets sur toute l'Europe centrale.
>
> Le Royaume-Uni est le troisième pays à être touché, en 1931. Très vite les Anglais réagissent en dévaluant la livre, pourtant monnaie internationale. Tout le système monétaire mondial est dès lors perturbé. La France entre plus tardivement dans la dépression car son économie, plus traditionnelle, est moins liée au capitalisme international.» (F 4, p. 52).

En ce qui concerne les attentes vis-à-vis du futur, le manuel français (F 4, p. 172) dresse une liste des zones à problèmes et des régions géographiques: après le démembrement de l'Union soviétique, l'aptitude des Etats-Unis à être la seule superpuissance de demain est mise en question. Il existe d'autres prétendants tels que le Japon et l'Union européenne, depuis Maastricht. Le futur incertain du tiers monde est abordé à travers un petit plan intitulé

La maison européenne

② Une Europe qui se cherche

L'idée de Communauté européenne s'est forgée par étapes, à partir de la volonté d'un petit nombre d'États de régler les problèmes par le droit et non par la guerre, puis de constituer une **grande puissance économique** (doc. 3), à l'égal du Japon et des États-Unis.

A. De Rome à Maastricht

1. Les Européens ont d'abord créé un grand marché, aujourd'hui en voie d'achèvement. La **Communauté Économique Européenne (C.E.E.)**, mise en place à Six par le traité de Rome, en 1957 (voir p. 100), s'est traduite par une Politique Agricole Commune (**P.A.C.**) et par une circulation facilitée des marchandises et des hommes (doc. 2).

2. Devenue une force d'attraction pour ses voisins, l'Europe des Six s'est progressivement élargie à **douze membres,** tout en précisant ses institutions : une Commission d'experts fait des propositions, un Parlement donne des avis, un Conseil des ministres décide. En 1978 est institué un Système monétaire européen (**S.M.E.**), fondé sur l'E.C.U. (doc. 1), qui limite les écarts de valeur entre les monnaies. L'**Acte unique** de 1986 vise à supprimer tout contrôle aux frontières communes.

3. Signé en février 1992, le **traité de Maastricht** propose une étape supplémentaire, celle de la **Communauté Européenne** (C.E.) : avec la création d'une banque centrale, d'une monnaie unique, ainsi que d'une **citoyenneté européenne** avec défense commune (voir doc. 3, p. 168).

B. Quels rivages pour la Communauté ?

1. Cette même année 1992, la Communauté (325 millions d'habitants) conclut, avec sept autres pays d'Europe, un accord de libre-échange pour un **Espace Économique Européen** (E.E.E.) de 380 millions d'habitants. Cette extension du Marché commun ouvre à d'autres partenaires la porte de la future Communauté. A condition d'accepter en bloc le traité de Maastricht, des pays comme la Suède, la Finlande, l'Autriche pourront, dès 1995, intégrer la C.E.

2. L'effondrement du communisme en Europe de l'Est pose aujourd'hui la question d'un élargissement de la C.E. à des pays comme la Hongrie, la Pologne ou la République tchèque, converties à la démocratie et à l'économie de marché.

C. Un réveil des Nations ?

1. Les parlements des États ont largement ratifié le traité de Maastricht. Il en va différemment des peuples consultés par référendum (voir p. 168). Dans un contexte de crise économique, **beaucoup d'Européens craignent de voir se dissoudre leur identité nationale.** Des **mouvements régionalistes** se renforcent : corse et basque en France, flamand en Belgique, lombard en Italie, sans parler du problème de l'Irlande du Nord.

2. A l'Est, deux États multinationaux – la **Yougoslavie** et la **Tchécoslovaquie** – éclatent. En 1991, Slovènes, Croates et Macédoniens font sécession ; la Bosnie, où cohabitaient des chrétiens serbes et croates, et des musulmans (doc. 4), sombre dans une guerre cruelle entre communautés (doc. 5). Aux premiers jours de 1993, la Slovaquie se sépare de la République tchèque.

VOCABULAIRE

Économie de marché : système économique des pays capitalistes. Il est fondé sur le principe de la libre confrontation entre la demande des consommateurs et l'offre des producteurs.

Régionalisme : mouvement qui revendique la reconnaissance de caractères propres à une région, comme la langue, les fêtes populaires, l'artisanat, etc.

1 L'E.C.U.
Initiales de *European Currency Unit* : Unité de compte européenne, dont la valeur dépend de celle des différentes monnaies des États de la C.E.

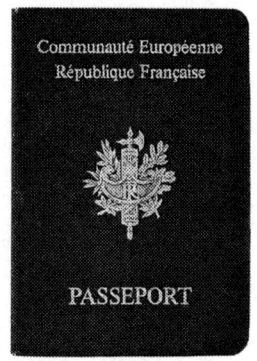

2 Identité européenne et identité nationale.

(France) *Histoire Géographie. Initiation économique. classe de 3ᵉ C* (1993)
© Belin, Paris
Photo d'un ECU © Agence Réa, Paris

«Démocratie en Afrique», où seulement la Namibie est montrée en tant qu'Etat démocratique. D'autres pays sont mentionnés comme étant sur le chemin de la démocratie.

D'un côté, les auteurs affirment que les nations et l'Europe s'affronteront dans un avenir prévisible. De l'autre, l'idée que «identités nationale et européenne» sont déjà associées se traduit simplement par une image du passeport français. Le détenteur est censé être à la fois citoyen de la France et de l'Union européenne (F 3, p. 166). «Hollandais ou européen?», demande un manuel hollandais de manière quelque peu provocatrice (NL 5), discutant des différentes options et opinions dans un chapitre sur les questions de citoyenneté et d'éducation civique.

A noter une approche originale adoptée par un manuel italien (I 1). Le livre se divise en quatre sections, chacune se terminant par une partie intitulée «Scénarios mondiaux», qui présente des régions d'ordinaire négligées: Asie, Afrique et Amérique latine. De multiples cartes aident le lecteur à s'orienter. Chaque chapitre s'intéresse donc au point de vue du pays où vivent les élèves et à l'Europe, tout en suscitant, à la fin, des discussions sur un thème plus large englobant d'autres régions du monde. Tout naturellement, l'histoire mondiale occupe une place importante (36 %). La quantité d'informations ayant trait à l'Europe est, elle aussi, relativement élevée (37 %). Quant aux différents pays européens, chaque période ou chaque région géographique étant abordée selon une perspective thématique, ils sont traités plus brièvement (9 % du texte). Enfin, l'histoire de l'Italie reçoit, relativement parlant, moins d'attention (27 % du contenu).

Guerre mondiale et guerre froide – Dictature et démocratie

La situation au tournant du siècle: l'Europe après la période de l'expansion impérialiste

Dans le manuel hollandais NL 4 (p. 9), la situation initiale est décrite ainsi:

> «Si vous regardez une carte du monde, vous verrez combien l'Europe est petite par rapport au reste du monde. Pourtant, elle a exercé une immense influence sur ces autres pays. En témoigne le fait que les langues européennes se parlent dans le monde entier.
>
> Au tournant du siècle, c'était l'Europe occidentale qui dictait le cours des événements internationaux. L'Amérique, le Japon et la Chine en étaient encore à leurs balbutiements. Les autres régions, en Asie et en Afrique, étaient devenues les colonies des puissances européennes, à savoir l'Angleterre, l'Allemagne, la France et la Russie.»

Comme c'est souvent le cas, dans cet exemple, l'Europe est identifiée aux grandes puissances, lesquelles sont considérées comme une menace pour les nations plus petites, voire une négation à leur droit d'exister. Quoi de plus naturel, donc, que les textes issus de ces pays voient l'Europe sous un éclairage quelque peu critique. Ainsi, la première phrase du manuel bosniaque BiH 4 (p. 5) déclare: «Au début du 20ᵉ siècle, les puissances européennes dominaient les affaires internationales.» Le manuel croate HR 1 (p. 5) brosse un tableau encore plus menaçant: «Afin de promouvoir leurs politiques expansionnistes, les grandes puissances européennes commencèrent à former des alliances politiques et militaires au tournant du siècle.»

Un manuel italien (I 2) appelle l'Europe «la maîtresse du monde». Dans un livre d'histoire russe (RUS 1, p. 13) revient sans cesse cette expression, d'ailleurs commune à d'autres manuels: «l'Europe domine le monde».

La plupart des manuels donnent une image semblable de l'Europe au début du 20ᵉ siècle, même s'ils n'accordent pas forcément à l'Europe la même prééminence que dans l'ouvrage hollandais (NL 4, p. 9), dont le premier chapitre intitulé «L'Europe et le monde de 1870 à 1918» commence par ce passage:

> «Au début du 20ᵉ siècle, l'Europe dominait le monde. Avec l'invention de machines sans cesse plus nombreuses servant à produire une diversité croissante de marchandises, la société européenne connut de grands changements dans son industrie et dans son ordre social.»

Mais, à présent, le décor a changé:

> «Avec la capitulation, les puissances européennes perdirent finalement leur hégémonie dans la politique mondiale. D'abord les Etats-Unis, puis progressivement l'Union soviétique, commencèrent à dominer les affaires internationales. Après la guerre, beaucoup de pays européens purent assouvir le désir d'indépendance ou faire renaître leur identité nationale, par exemple les Irlandais, les Polonais, les Slovaques, les Tchèques et les Croates.» (SK 1, p. 12)

Le déclin de l'Europe sur le plan international s'est accompagné d'une instabilité politique intérieure. «L'Europe demeurait une région explosive», dit laconiquement le manuel hongrois H 1 (p. 13). Les modifications territoriales résultant des traités de paix sont décrites sur plusieurs cartes, en particulier dans les livres des pays qui furent concernés par ces changements. Par conséquent, il n'est guère étonnant de voir cet épisode amplement traité dans les manuels hongrois et jugé de manière critique.

> «L'Europe avec ses deux anciens pôles – l'Entente et la Triple-Alliance – a cessé d'exister. L'Autriche-Hongrie s'est retirée des rangs des grandes puissances.» (H 3, p. 19)

Les deux guerres mondiales et leurs conséquences

La première guerre mondiale est souvent considérée comme un tournant majeur dans l'histoire de l'Europe. Pour la première fois, les gens se sont trouvés face à la puissance destructive massive des armes produites dans une société industrialisée. Les horreurs de la guerre, clés d'une présentation du 20e siècle dans les livres d'histoire, sont relatées à cette occasion. Mais le sujet est-il traité, avec toutes ses ramifications, de manière à ce que les 14-16 ans puissent mesurer ces atrocités? D'un manuel à l'autre, le centre d'intérêt se déplace, nous permettant de mieux comprendre comment les divers pays appréhendent le phénomène de la guerre mondiale. Les ouvrages anglais, allemands, russes et polonais, par exemple, adoptent des approches très différentes pour décrire la «Grande Guerre». Beaucoup de manuels, sans jamais complètement ignorer les effets de la guerre sur l'Europe et sur le reste du monde, ont tendance à privilégier les événements jugés déterminants pour l'histoire de leur pays.

Dans une guerre, départager responsabilités et culpabilités n'est jamais chose facile. Les alliés d'un jour peuvent vite devenir les ennemis et vainqueurs du lendemain, de même que les vaincus sont souvent impliqués dans des crimes de guerre. Là encore, c'est un manuel anglais qui essaie d'encourager les élèves à trouver leurs propres réponses à ce problème complexe. Qu'étaient les soldats russes? Des libérateurs longuement attendus ou des vengeurs sanguinaires? Quelle version est la bonne? (GB 4, p. 98). Le livre propose plusieurs points de vue mais aucune solution; à l'enseignant de lancer et d'alimenter le débat entre les élèves.

Il est frappant de voir que les manuels anglais et, dans une certaine mesure, français, abordent les deux guerres mondiales avec une égale abondance de détails, en accordant une particulière attention aux sentiments suscités par ces deux conflits. Dans les manuels allemands, en revanche, tout comme dans ceux des autres pays occupés par les nazis, l'accent porte franchement sur la seconde guerre mondiale. Aux yeux du grand public, la première guerre mondiale a perdu beaucoup de son importance. En effet, nombreux sont les pays européens de l'Est qui ont gagné leur indépendance aux lendemains difficiles de la Grande Guerre et qui, avec l'arrivée de la seconde guerre mondiale, ont vu cette indépendance fraîchement acquise à nouveau menacée. Résultat: la plupart des manuels veulent expliquer comment l'indépendance a été conservée ou reconquise. A l'opposé, en Grande-Bretagne, la première guerre mondiale est aujourd'hui encore perçue comme une épreuve traumatisante: c'était la première fois depuis des siècles que le pays voyait sa suprématie navale remise en cause et, par ailleurs, sa survie en tant que nation allait désormais dépendre des Etats-Unis, la nouvelle superpuissance. Cette réaction très affective se lit à travers les descriptions détaillées des équipements mécanisés déployés (tanks et avions, par exemple) et des horreurs qui accompagnèrent la guerre de tranchées (GB 2, p. 14-15).

«Art et poésie pendant la première guerre mondiale» (GB 2, p. 23), tel est l'objet d'une section que l'on pourrait qualifier en soi de genre. On trouve plus de poésie dans ces chapitres que dans aucun des autres manuels analysés. Pour la Grande-Bretagne, cette guerre sembla annoncer la fin de la civilisation et les livres d'histoire s'efforcent de rendre cette impression aussi vive que possible.

Les illustrations en couleurs, montrant des combats entre avions de chasse ou des tanks filant au travers des tranchées, risqueraient d'être mal interprétées par des élèves allemands, qui pourraient y voir l'exemplification d'un militarisme latent dans la société britannique. A première vue, elles semblent sortir droit d'une bande dessinée guerrière plutôt que d'un livre d'histoire, mais les intentions des auteurs ne laissent pas place au doute dans des légendes telles que «L'enfer ne peut pas être aussi terrible» ou «Les ténèbres désolées de l'enfer», ainsi que dans les chapitres suivants consacrés aux immenses dommages causés par la guerre moderne. «Etude approfondie: le front occidental», sous-titré «L'enfer ne peut pas être aussi terrible»; «Les nouvelles armes»; «Gros plan sur une bataille: la bataille de la Somme»; «La vie dans les tranchées»; «Etude en gros plan: les ténèbres désolées de l'enfer»; «Art et poésie pendant la première guerre mondiale», tous ces titres apparaissent dans le manuel GB 2 (voir aussi, dans un manuel français (F 1), le titre «Une guerre industrielle»). Au demeurant, cela nous montre combien la première guerre mondiale est importante dans la conception britannique de l'histoire contemporaine. Côté allemand, un manuel aborde le sujet par une photo sur une double page, montrant un cimetière militaire en France, avec des milliers de croix se perdant à l'horizon. Certes les illustrations proposées par les manuels anglais et allemands présentent un caractère très différent, mais leur message est le même: il n'y a pas grand-chose à gagner par la guerre.

Néanmoins, il reste encore de nombreux manuels qui ne traitent pas le sujet de la guerre sur un mode aussi négatif, préférant faire ressortir les aspects héroïques et les résultats positifs pour la souveraineté nationale.

Les raisons qui ont conduit à la déclaration de la première guerre mondiale ont toujours été un sujet controversé, surtout dès qu'il s'agit de déterminer si l'Allemagne est seule responsable, ainsi qu'en atteste le Traité de Versailles. Beaucoup d'auteurs examinent de près cette question afin d'explorer des concepts théoriques plus généraux sur les causes et les effets, ainsi que sur les implications dans le cours de l'histoire. Les auteurs de manuels norvégiens parlent du «coup de feu de Sarajevo», le «déclencheur», non pas la «raison» de la guerre. Dans le manuel anglais GB 1 (p. 4-8),

(Grande-Bretagne) *Key History for KS3 – The Twentieth Century World* (1998)
© Stanley Thornes, éditeurs pour l'enseignement, Angleterre

La maison européenne

The British did develop tanks. Instead of wheels they used caterpillar tracks developed in the Canadian logging industry. These spread the weight of the tank over a wide area so allowing it to travel over uneven and muddy ground. Their strange shape allowed them to cross trenches as is shown in Source C.

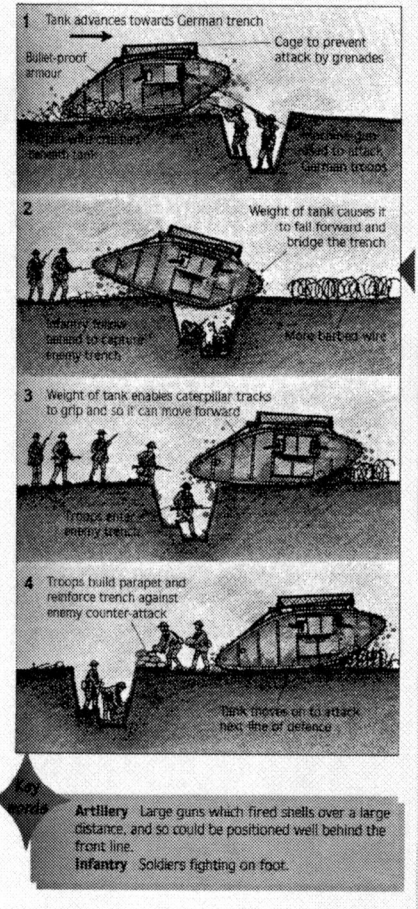

Tanks were first used on the Somme on 15 September 1916. However, of the 49 tanks to be used in this battle, only 9 reached the German trenches. Most simply broke down while others stuck in the mud and the shell craters created by the heavy British artillery bombardment. The tanks weighed 28 tonnes, so that even with caterpillar tracks they still sank into the soft mud. At the Battle of the Somme their average speed was half a mile per hour. This meant that they were an easy target for German artillery. Once hit by a shell they simply became a fiery tomb for the eight men inside.

The first great success for the tank came in 1917 at Cambrai when they enabled British troops to make a major advance. This time there had been no artillery bombardment and so the ground was firm. However, with German trenches captured and open territory in front of them, the attack had to stop because most of the tanks needed repairing.

1 Tank advances towards German trench
Bullet-proof armour
Cage to prevent attack by grenades

2 Weight of tank causes it to fall forward and bridge the trench

3 Weight of tank enables caterpillar tracks to grip and so it can move forward
Troops enter enemy trench

4 Troops build parapet and reinforce trench against enemy counter-attack
Tank moves on to attack next line of defence

Source C How a tank crossed an enemy trench

> It was marvellous...The tank waddled on with its guns blazing and we could see Jerry popping up and down, not knowing what to do, whether to stay or run...The Jerries waited until our tank was only a few yards away and then fled – or hoped to! The tank just shot them down and the machine-gun post, the gun itself, the dead and the wounded who hadn't been able to run, just disappeared. The tank went right over them. We would have danced for joy if it had been possible out there.
>
> Quoted in *The Somme* by Lyn MacDonald

Source D By Lance Corporal Len Lovell, an eye-witness to the first use of tanks on 15 September

Investigations

1 Read Source D. What evidence does it provide about the effect of the tank on the morale of British troops?

2 What evidence does Source D provide about the effect of tanks on the morale of German troops?

3 What has happened to the tank in Source A? Why did this tend to happen to tanks?

4 Were tanks as successful as Churchill hoped? Explain your answer.

5 Write your own 'Remember' box for this unit. Did the new weapons help to break the stalemate?

Key words
Artillery Large guns which fired shells over a large distance, and so could be positioned well behind the front line.
Infantry Soldiers fighting on foot.

(Grande-Bretagne) *Key History for KS3 – The Twentieth Century World* (1998)
© Stanley Thornes, éditeurs pour l'enseignement, Angleterre

Que propose-t-on aux élèves?

Focus Study: 'The Sorrowful Dark of Hell' – Art and poetry in the First World War

What does the art and poetry of the First World War tell us about the experiences and feelings of the soldiers who fought?

Art in the First World War

Source A The Menin Road, near Ypres in Belgium, painted by Paul Nash in 1919

Source C Stretchers pulled by mules bringing wounded to a **dressing station**, painted in 1919 by Stanley Spencer. Spencer was a member of the Royal Army Medical Corps during the war and was sent to northern Greece, which is why the soldiers in this picture are wearing cloth to protect their necks from the sun.

Source B The War by Otto Dix

Key words — **Dressing station** A dressing station was a medical point close to the front line. The wounded would be bandaged and receive emergency treatment before being taken to field hospitals behind the lines.

23

(Grande-Bretagne) *Key History for KS3 – The Twentieth Century World* (1998)
© Stanley Thornes, éditeurs pour l'enseignement, Angleterre
Peintures: *La route de Menin,* par Paul Nash, et *Les traîneaux charriant des blessés au poste de premiers secours à Smol, Macédoine, septembre 1916,* par Sir Stanley Spencer, avec l'aimable autorisation de l'Imperial War Museum, Londres
Peinture: *La guerre,* par Otto Dix © Adagp, Paris, 2000

l'auteur propose quatre raisons au processus ayant conduit à la guerre, pareillement applicables à toutes les parties impliquées: nationalisme, impérialisme, militarisme, alliances.

Sont ensuite identifiés cinq événements concrets qui ont entraîné la déclaration de la guerre et la participation de la Grande-Bretagne, avec désignation de chacun des pays concernés:
- l'Autriche déclare la guerre;
- la Russie mobilise;
- l'Allemagne attaque;
- la France riposte;
- la Grande-Bretagne entre en guerre.

Le choix même des mots implique certains jugements de valeur, appelés à être discutés pendant le cours. Le déroulement des choses se clarifie, incitant les élèves à s'interroger: la guerre aurait-elle pu, à un moment ou à un autre, être évitée ou limitée?

En Allemagne, un manuel plus ancien propose une brève mais intéressante présentation des opinions entretenues par d'éminents historiens allemands sur ce sujet: «Qui est responsable?» Il cite deux sources contemporaines directement opposées: des extraits de deux discours, l'un prononcé par le Kaiser, l'autre par un parlementaire SPD. Les élèves peuvent ainsi voir que les représentants des différentes obédiences politiques et classes sociales nourrissaient des opinions très divergentes, ce qui pose tout le problème de l'objectivité, sans toutefois fournir de réponse satisfaisante à partir des seules sources consultées. Il est vrai qu'ici l'intention n'est pas de servir des solutions absolues, mais plutôt de permettre aux élèves de se colleter avec des problèmes récurrents dans le programme d'histoire. Peu à peu, l'élève prendra de l'assurance pour former des jugements à l'épreuve des tests d'objectivité[1].

Dans une guerre moderne, la victoire militaire peut signifier une défaite politique et/ou économique – beaucoup de manuels, surtout en Angleterre, en France et en Italie, expriment très clairement ce message («Vainqueurs affaiblis en Europe», titre rencontré dans D 3). On parle aussi très souvent de la «défaite de l'Europe». Dans l'un des manuels français (F 4, p. 20), le chapitre traitant des conséquences de la guerre est même intitulé «L'Europe appauvrie». Sur ce point, la formulation brève et précise adoptée par les ouvrages français est sans ambiguïté:

> «Le déclin de l'Europe [...] Une étoile palissante: L'Europe n'est plus le cœur économique du monde. La guerre a bloqué les échanges sur le vieux continent.
> i. Deux nouveaux Etats ont accru leur puissance:
> – le Japon, qui fait main basse sur les marchés de l'Asie;

---

1. Wolfgang Hug, *Unsere Geschichte* (Notre histoire), Diesterweg, Francfort, 1991, vol. 3, p. 31-32.

> – les Etats-Unis surtout. Désormais créanciers de l'Europe ils détiennent la moitié du stock d'or mondial. Wall Street a supplanté la Bourse de Londres, et le dollar la livre sterling.
>
> ii. La domination coloniale de l'Europe commence à être contestée. Dans certaines parties des empires, des voix s'élèvent pour réclamer l'indépendance: elles invoquent la part prise par les colonies à la défense de la métropole, ainsi que le droit des peuples à l'autodétermination.» (F 3, p. 18)

Un tableau donne un aperçu des pertes subies par l'Allemagne, la France, la Grande-Bretagne et l'Autriche-Hongrie («Une catastrophe sans égal»).

Le manuel finnois FIN 1 (p. 180) désigne sous le terme «superpuissance» les anciennes puissances coloniales qui ont perdu leur influence au cours des deux guerres:

> «Les superpuissances européennes, Grande-Bretagne, France et Allemagne, avaient acquis des colonies à travers le monde, et le développement de l'Europe déterminait le développement du monde entier. Mais les deux guerres mondiales qui ont marqué la première moitié du 20e siècle ont mis un terme au rôle dominant de l'Europe.» (FIN 1, p. 180)

«Un continent épuisé», dit le manuel italien I 2 (p. 305); «L'Europe à genoux», titre le chapitre correspondant d'un autre ouvrage (I 3). Les dommages causés par la guerre, le déracinement des gens, la perte de tranquillité dans la vie de tous les jours, autant de points décrits sans détour pour bien montrer la crise sociale des années 20.

Le hiatus créé par la première guerre mondiale dans la situation politique en Europe est souligné dans presque tous les livres d'histoire. Ceux-ci montrent «L'Europe en 1923» (F 1, p. 21) et résument clairement les conditions de la paix telles que posées par le Traité de Versailles. «Le Traité de paix de Versailles a remodelé l'organisation politique de l'Europe.» (FYROM 2, p. 28) «A la fin de la Grande Guerre, trois empires avaient cessé d'exister: les Empire russe, austro-hongrois et allemand.» (HR 1, p. 6) A la différence des manuels plus anciens, ils insistent souvent sur les combinaisons pluriethniques telles que Tchécoslovaquie, Yougoslavie ou Pologne, évoquant du même coup les problèmes qui pourraient bien se poser dans l'avenir.

Dans l'enseignement de l'histoire, il est extrêmement difficile de ne pas décrire les nombreux échecs de démocratisation après la première guerre mondiale comme une conséquence absolument inévitable, ou même de passer directement du Traité de Versailles aux dictatures communistes et fascistes et aux régimes totalitaires. A cet égard, le manuel allemand D 1 propose un point de vue ouvert avec ce titre: «Tentatives pour orienter et pour planifier l'avenir après la première guerre mondiale». Quant au manuel slovaque, il évalue les développements futurs avant même qu'ils ne se réalisent (SK 1, p. 14):

> «Avant même la paix finale, l'Europe était divisée en deux: les Etats qui acceptaient le nouveau *statu quo* et ceux qui refusaient de le reconnaître. Cette division signifiait qu'une nouvelle guerre était une possibilité envisageable, d'autant plus que les puissances victorieuses commençaient à nourrir des idées très différentes sur le devenir de l'Europe.»

Dans le manuel italien I 5, nous apprenons combien l'amour de son propre pays peut rapidement signifier la haine d'un autre. C'est l'un des rares manuels à insister sur la manière dont la xénophobie se développe, sur le processus par lequel la fierté nationale peut se muer en haine de tout ce qui est étranger. Le chapitre concerné, intitulé «L'usine de la haine», explore l'irrédentisme italien, la revanche française et le «pangermanisme» allemand.

> «Avec la détérioration de la situation politique et la menace de guerre qui planait, toujours plus proche, patriotisme et amour de la mère patrie étaient brandis à tort et à travers afin de diaboliser l'ennemi, situation tragique à laquelle toutes les puissances européennes succombèrent.» (p. 136)

Le manuel bosniaque BiH 2, là encore riche en documents, commente ainsi les ramifications sociales et psychologiques de la guerre:

> «Pour la première fois dans l'histoire de l'Europe, la génération qui avait grandi avant 1909 en était arrivée à croire que la guerre faisait partie d'un passé révolu.» (p. 5)

A propos de l'après-guerre (p. 13), il déclare:

> «La reconstruction durant l'après-guerre fut menée de façon systématique. Mais les effets psychologiques furent beaucoup plus difficiles à surmonter. A l'Ouest, les gens avaient perdu la foi dans les idéaux de liberté, de rationalisme et de progrès.»

Les auteurs du manuel italien I 5 soulignent, comme ceux de l'ouvrage hollandais NL 2 et en recourant au même genre d'argument, qu'après la première guerre mondiale se dessina une tendance (pas seulement en Italie) à exciter la haine des foules contre les étrangers et contre certains groupes de la population autochtone.

> «Après la guerre, la haine qui s'était accumulée contre l'ennemi extérieur se doubla d'une hostilité contre l'ennemi intérieur; par exemple envers une certaine classe sociale. Il s'ensuivit de nombreux soulèvements sociaux. Les multiples idéologies nées de la Grande Guerre étaient extrêmement intolérantes et obsédées par l'idée d'opposition à quelque chose ou à quelqu'un.» (p. 137)

Il existe souvent un chapitre entièrement consacré aux dictatures durant la période de l'entre-deux-guerres, où les titres associent parfois dictateurs et systèmes – «l'Italie de Mussolini», «l'Allemagne de Hitler» et «la Russie de Staline», exemples relevés dans le manuel anglais GB 1 (p. 1). Un ouvrage français utilise un titre similaire avec «L'impérialisme hitlérien»; à comparer avec «Etude approfondie: l'Allemagne national-socialiste», dans un autre manuel anglais (GB 2, p. 33).

Le progrès semble avoir quitté l'Europe, comme le résume l'un des manuels italiens:

> «Alors que les Etats-Unis sont devenus la terre du progrès économique et de la démocratie, l'Europe est devenue la patrie du totalitarisme; le nazisme allemand s'unit au communisme russe et au fascisme italien.» (I 5, p. 248)

Souvent, formes communistes et fascistes de la dictature moderne apparaissent à égalité. Toutefois, dans les manuels norvégiens, la montée du national-socialisme allemand constitue de loin le chapitre le plus volumineux consacré aux idéologies totalitaires dans l'Europe des années 20 et 30. Il permet d'expliquer rigoureusement la voie qu'ont suivie les Allemands depuis la destruction de leur tout premier gouvernement démocratique jusqu'à un antisémitisme brutal porté à son paroxysme dans la «Nuit de cristal», et jusqu'à l'annihilation massive perpétrée à une échelle sans précédent. Bien que les manuels norvégiens décrivent le nazisme à travers ses chefs et le «*Führer*», ils contiennent aussi une foule d'informations générales (illustrations, questions et sources) permettant aux élèves de réfléchir et de débattre sur les raisons qui on pu conduire les Allemands à soutenir un système dictatorial aussi répressif.

Quant aux livres d'histoire utilisés dans les pays auparavant sous influence soviétique, la plupart condamnent sans réserve l'URSS et, surtout, l'ère stalinienne:

> «Même avant la mort de Lénine, la dictature communiste s'était transformée en un régime totalitaire impitoyable. Lorsque Joseph Staline le remplaça, en 1924, la brutalité prit des proportions jamais atteintes. La police secrète supprimait tous ceux qui manifestaient le moindre signe de désaccord avec la politique communiste. Sous le régime communiste [...], des millions d'innocents furent internés en camps de travail et en prison, ou exilés en Sibérie; les autres furent purement et simplement massacrés et disparurent dans des fosses communes.» (SK 1, p. 18)

Le conflit entre dictatures et régimes totalitaires, d'un côté, et démocraties occidentales, de l'autre, est traité comme un aspect central de l'histoire du 20e siècle. Dans le manuel anglais GB 4 (p. 33), le chapitre «Démocratie et dictature» compare la démocratie occidentale aux dictatures de l'Italie, à l'Union soviétique et au Japon. L'Allemagne nazie fait l'objet d'un chapitre à part. Certains manuels français, à propos des résultats de la seconde guerre mondiale, parlent aussi du triomphe des démocraties sur les régimes totalitaires. En revanche, la fin de la guerre civile d'Espagne peut être décrite comme «une première victoire des dictatures sur les démocraties» (F 4, p. 88). En fait, la politique étrangère des années 30 est essentiellement vue à travers

75

l'opposition démocratie/dictature. La politique de conciliation est jugée de manière critique; on admet que les puissances occidentales se sont servies de l'Allemagne comme d'un parapluie contre la Russie communiste («Pourquoi les démocraties ne sont-elles pas intervenues plus rapidement face à la montée des dictatures?», demande le manuel F 4, p. 90).

D'autres manuels, en particulier ceux publiés dans la première moitié des années 90, marquent une nette différence entre le régime révolutionnaire de Lénine et la dictature de Staline. Voici comment la Fondation des collèges des Balkans analyse un manuel macédonien de 1996:

> «L'unité qui couvre les deux révolutions russes, la guerre civile et la formation de l'URSS (sur deux pages) donne une image totalement positive des changements intervenus en Russie avant l'arrivée de Staline au pouvoir. Ici, la collision entre le nouveau et l'ancien prend les dimensions d'une lutte entre le bien et le mal. Toute une époque, l'une des plus grandes tragédies de notre siècle, est traduite par des clichés et des idiomes tirés de slogans archaïques. Tout ce qui s'est passé dans les années 30 se réduit à une seule et unique phrase de conclusion: "Après la mort de Lénine vint à la tête de l'URSS Joseph Vissarionovich Staline, et c'est avec lui que commença la période de dictature personnelle[1]."»

Dans quelle mesure les divers gouvernements furent-ils, oui ou non, des régimes totalitaires? Cela n'est pas toujours clairement dit. Des explications ne sont vraiment fournies que pour les deux Etats qui ont eu un gouvernement fasciste affiché. Le manuel lituanien LIT 1, par exemple, ne donne pas de description précise du système qui prévalait en Lituanie: «La Lituanie fut l'un des nombreux pays où différents types de dictature usurpèrent une forme démocratique de gouvernement.» (p. 72) La faiblesse de la démocratie lituanienne est expliquée par l'impuissance générale de l'Europe de l'Est à mettre en place des institutions démocratiques, en particulier en Russie au moment de la révolution. Selon les auteurs, l'instabilité politique endémique de l'Europe de l'Est a joué contre l'établissement de gouvernements démocratiques.

En Espagne, les auteurs de manuels voient aujourd'hui le régime de Franco comme une dictature parmi d'autres dans les années 30 et 40, sans la glorifier ni la disculper.

Les manuels russes ont, eux aussi, commencé à opposer les concepts antinomiques de démocratie et de totalitarisme, abandonnant l'idée que la guerre a servi de confrontation entre les modèles de société capitaliste et socialiste:

> «La question centrale et la cause de la tension internationale en Europe de 1918 à 1945 furent le choc entre deux idéologies totalement différentes: d'un

---

1. *The Image of the other: analysis of the high-school textbooks in history from the Balkan countries*, Balkan Colleges Foundation, Sofia, 1998, p. 42.

côté, le système libéral-démocratique et, de l'autre, le système totalitaire (sous ses diverses formes: droite radicale et gauche).» (RUS 2, p. 84)

Les livres d'histoire examinés sont résolument critiques sur la collaboration entre Staline et Hitler. L'ambiguïté des grands dictateurs trouve peut-être sa meilleure description dans les manuels norvégiens: les chapitres consacrés à la Russie sous Staline soulignent aussi bien l'évolution vers un Etat moderne et industriel, aux prises avec la pauvreté et la famine, que la terreur du régime communiste. Staline est vu comme le dictateur impitoyable qui réalise ses objectifs par la suppression des droits démocratiques et par des exécutions massives, mais qui, en même temps, propage l'image d'un chef héroïque venu parachever l'œuvre entamée par Marx et Lénine. Il est dommage que les manuels privilégient les biographies des dictateurs – en particulier celles de Staline et de Hitler – et effleurent juste la vie d'artistes remarquables ou d'hommes politiques démocrates. Du moins le manuel hongrois H 1 présente-t-il un choix assez équilibré de résumés biographiques, où Staline, Hitler, Roosevelt et Churchill reçoivent une égale attention.

Présentées selon des points de vue européens, les deux guerres mondiales sont les sujets dominants, surtout dans les manuels anglais traitant du 20e siècle. Dans quatre des ouvrages analysés (GB 1, 2, 3, 4), les chapitres parlant de la seconde guerre mondiale sont les plus longs; même chose dans beaucoup de manuels français. Sur vingt-deux chapitres, GB 4 en consacre neuf à des sujets abordés selon un point de vue plutôt européen. Les chapitres 1-3, 6, 8, 16, 18, 20 et 21 sont respectivement intitulés:

- du terrain de manœuvres aux tranchées;
- le front Ouest: 1914-1918;
- les fronts Est et la guerre en mer;
- démocratie et dictature;
- les origines de la seconde guerre mondiale;
- l'Europe occupée;
- la victoire en Europe;
- l'Europe divisée;
- l'Europe en ruines.

A quoi s'ajoutent «L'Allemagne nazie», «La situation en Allemagne» et «Le front russe», sujets décrits dans des chapitres distincts. Manifestement, les questions européennes se réfèrent essentiellement aux guerres et aux dictatures. Au total, environ seize chapitres traitent des deux guerres mondiales.

Dans tous les manuels norvégiens couvrant la période de 1914 à 1945, le chapitre sur la seconde guerre mondiale reste de loin le plus volumineux. Environ 30 % du texte est consacré aux antécédents, au déroulement et aux

La maison européenne

DEN ANDRE VERDENSKRIGEN 1939–1945 131

Jens Bjørneboe
Vise om byen Hiroshima

Det var en vakker morgen udi Hiroshima by,
En sommermorgen nittenfemogførti.
Og solen, ja den lyste fra en himmel uten sky,
En sommermorgen nittenfemogførti.

Småpikene de lekte udi have og blant trær
og gjorde allting slik de store gjorde.
De pyntet sine dukker og de vasket dukkeklær
og kvinnene skar brød på kjøkkenbordet.

Og mange småbarn var det som stadig lå i seng
for dette var en tidlig morgentime
mens solen strålte deilig og mens duggen lå på eng
og blomster nettopp åpnet sine kroner.

Det var en vakker morgen udi Hiroshima by,
En sommermorgen nittenfemogførti.
Og solen, ja den lyste fra en himmel uten sky,
En sommermorgen nittenfemogførti.

(Norvège) *Historie Innblikk Samfunnsfag for Ungdomsskolen*, 1998
© Aschehoug, Oslo

résultats de la guerre, faisant à peu près la part égale aux événements extérieurs à la Norvège et à la Norvège sous l'occupation allemande.

De plus, comme on peut s'y attendre à la lecture des directives (voir plus haut) insistant sur un enseignement de la paix, la peinture des champs de bataille souligne l'horreur d'une guerre qui n'a ni sens ni fin, une guerre qui a causé des souffrances à tous, vaincus comme vainqueurs, soldats comme civils. Dans plusieurs ouvrages, par exemple, une photo montre une file de soldats rendus aveugles. Un manuel français (F 1) rapporte la condition misérable du soldat pendant la Grande Guerre (1914-1918), donnant une description frappante des pressions physiques et psychologiques auxquelles il était soumis, soulignant l'arbitraire et l'absurdité de la stratégie militaire d'alors. Toujours en France, un autre manuel (F 2, «Gros plan: la guerre des tranchées») évoque les terribles pertes humaines résultant de la guerre des tranchées. En ce qui concerne les régions géographiques décrites en priorité, il faut faire une nette distinction entre manuels d'histoire des pays de l'Ouest et de l'Est. Des deux côtés, on s'intéresse à ses «propres» champs de bataille. Outre cette préférence géographique, les manuels diffèrent aussi par leur mode de description. La guerre des tranchées à l'Ouest représente les forces destructrices de la technologie moderne qui, finalement, affectent presque pareillement les deux côtés, vainqueurs comme assaillis. La guerre moderne nivelle tout. Stratégies militaires et bravoure personnelle ne servent à rien. Tous les manuels norvégiens donnent des exemples illustrant les difficultés de la vie quotidienne endurées des deux côtés par les populations. D'une part les élèves sont confrontés aux atrocités nazies commises en territoires occupés. D'autre part des photos grand format montrent les villes bombardées de Dresde et d'Hiroshima. Sur le modèle de nombreux manuels anglais, un poème est là pour susciter la réflexion des élèves.

A l'opposé, les manuels des pays d'Europe centrale et orientale se préoccupent plus des questions stratégiques, des capacités des chefs militaires et de l'héroïsme qui continuent de jouer un rôle décisif dans la guerre. En général, les manuels polonais, russes et lituaniens font la part belle aux aspects militaires des deux guerres. Ils insistent plus sur les données quantitatives relatives aux armées, moins sur les aspects sociaux et les souffrances individuelles durant le combat. Le sujet au cœur des manuels des anciennes républiques yougoslaves demeure la lutte contre le fascisme.

En «ex-République yougoslave de Macédoine» et en Bosnie-Herzégovine, les deux guerres mondiales sont considérées comme les événements majeurs qui ont influencé l'histoire contemporaine, point de vue qui se reflète dans les programmes d'histoire et les systèmes d'enseignement. Plus d'un tiers du programme macédonien étant alloué aux deux guerres, les livres d'histoire consacrent donc tout naturellement autant de pages à ce thème. Moins prolixes sur le sujet, les manuels croates et bosniaques lui accordent entre un quart et un tiers de leur contenu. Souvent, les auteurs traitent des ramifications des guerres mondiales en faisant là une distinction entre «national», «international» et «européen».

Les manuels macédoniens restent les champions sur le thème des deux guerres, en particulier sur celui de la seconde guerre mondiale. Toutefois, cette tendance semble s'inverser dans les manuels récemment publiés.

Tableau 4: La seconde guerre mondiale dans les livres d'histoire macédoniens: FYROM 1/FYROM 1 (édition 1992) respectivement

Nombre de pages					
Nombre de pages au total	Guerre 1939-1945	Hors des Balkans	Dans les Balkans sauf l'ex-Yougoslavie)	L'ex-Yougoslavie (sauf Macédoine)	Macédoine
266	82	19	7	25	31
127	39	10	3	7	19
152	53	13	3	16	21

La collaboration systématique de certains groupes (les Oustachis en Bosnie, par exemple) avec les forces d'occupation allemande est en général minimisée, considérée comme l'exception plutôt que la règle. En revanche, le rôle des groupes de résistance est souvent exagéré. Mais n'oublions pas qu'en Europe de l'Ouest (en France, par exemple), la relative objectivité des livres d'histoire sur ce sujet sensible ne date pas de bien longtemps. Ce n'est qu'à force de recherches et de débats d'opinion que l'on peut espérer voir les manuels traitant de ce sujet adopter une approche plus équilibrée.

Les livres d'histoire de la région des Balkans soulignent que leurs peuples ont souvent été contraints de se battre pour servir des intérêts étrangers, en particulier ceux de l'empire austro-hongrois – attitude qui vient alimenter le scepticisme ouvert ou voilé qui caractérise de nombreux passages évoquant les prétendues grandes puissances européennes, et qui se reproduira certainement lorsque sera rapporté le conflit qui déchire actuellement cette région.

Dans les pays qui ont subi l'occupation allemande, les manuels adoptent un point de vue national sur la guerre, mais la dimension européenne de l'occupation et de la résistance est en général présente et illustrée par des exemples:

> «Partout en Europe se lèvent des hommes qui, isolément d'abord, refusent l'humiliation de la défaite et sont décidés à lutter contre les occupants.» (F 3, p. 86)

Cette citation est suivie de deux encadrés évoquant la résistance des partisans polonais et le soulèvement du ghetto de Varsovie. Sont montrées la souffrance de la population française, la résistance clandestine et les activités militaires. La collaboration, sujet tout juste effleuré dans les anciens manuels, est à présent abordée de manière plus approfondie (par exemple le chapitre «Collaborations et résistances» dans le manuel F 2, p. 60). Le manuel lituanien LIT 2 est le premier à parler de l'occupation politique nazie et de l'extermination des Juifs en parallèle à la collaboration lituanienne et aux crimes anti-Juifs commis après la guerre.

Le rôle individuel des pays n'est abordé (dans les manuels anglais et français, par exemple) que dans la mesure jugée nécessaire pour la compréhension du déroulement des guerres. Etonnamment pour des lecteurs des pays de l'Europe de l'Est, les manuels anglais ne décrivent pas en détail la politique d'occupation nazie. Lorsque sont traitées la suppression, la persécution et l'extermination massive, c'est l'«Holocauste» qui est montré.

La période des puissances impériales traditionnelles se termine avec la seconde guerre mondiale. Ces bouleversements qui touchent le monde entier sont particulièrement bien décrits dans les manuels anglais, du fait qu'ils ont affecté directement la Grande-Bretagne («Etude approfondie: la fin de l'empire» dans GB 2, p. 92; «La fin des empires» dans GB 3, p. 86). En revanche, dans les manuels d'autres pays, c'est la fin de la première guerre mondiale qui apparaît comme le tournant essentiel.

Pour traiter spécifiquement de la guerre et du national-socialisme, mais aussi de la vie sous le communisme soviétique et allemand, les manuels allemands proposent souvent de longs extraits de récits personnels contemporains. Cette démarche vise à un double objectif.

D'abord montrer comment les gens ont été réceptifs aux courants dictatoriaux et dans quelle mesure cette réaction a influé sur la vie de tous les jours, souligner que la dictature n'est pas juste une question de «haute politique» et d'individus puissants. Il est à noter que ce sont les manuels allemands qui associent le moins le national-socialisme à l'«hitlérisme». Ils montrent les nombreuses étapes qui ont conduit à un soutien actif.

Ensuite, essayer de comprendre les motivations de ceux qui se sont adaptés et de ceux qui ont pris position contre la dictature. L'important est de susciter une empathie avec l'attitude des victimes de la persécution et de la résistance[1].

«Pouvons-nous réaliser une paix durable partout dans le monde?» Telle est la question posée par le manuel allemand D 2 (p. 280), partant du fait que la guerre a toujours été un phénomène récurrent à travers l'Europe et dans le reste du monde. Quant aux tout derniers manuels allemands destinés aux 10-16 ans, ils se terminent en général par un panorama sur le sujet «Guerre et paix», ce thème étant aujourd'hui intégré au programme de la Rhénanie-du-Nord-Westphalie, le plus grand des Etats fédéraux. Il est souvent fait référence à des chapitres précédents sur les guerres mondiales, mais la dimension européenne tient à présent davantage de place. Les raisons de la guerre, ses lendemains difficiles, la propagande guerrière, l'idée d'une paix durable ainsi que les moyens de la protéger, tels sont les thèmes présentés, avec des exemples pris dans l'Antiquité jusqu'à nos jours. Ce type de panorama permet aux élèves d'observer le 20e siècle en perspective et il montre l'inutilité de glorifier les succès militaires d'une nation ou l'héroïsme de ses soldats. Il permet aussi aux auteurs de faire ressortir le travail des Nations Unies et organisations politiques internationales qui, de même qu'une plus grande intégration sociale, sont la condition *sine qua non* de la paix. Ces manuels allemands contiennent une foule de documents peu communs aux livres d'histoire (reproductions de peinture, poèmes), tous venant rehausser le texte, qui revêt d'ailleurs un caractère plus politique. Les moyens de réaliser et de maintenir des relations pacifiques dans le monde, tels sont les points essentiels abordés dans le chapitre «Guerre et paix». Ce panorama représente un réel progrès que les autres pays devraient imiter en l'incluant dans les directives de leurs programmes et dans leurs livres d'histoire. Les Pays-Bas ont déjà commencé, mais les documents sont systématiquement intégrés dans des chapitres à part. Quoi qu'il en soit, ces exemples prouvent que l'entreprise n'est pas aussi difficile qu'on l'a cru par le passé.

L'Holocauste

La politique d'extermination nazie menée contre les Juifs est traitée de manière assez détaillée dans les manuels anglais («Guerre mondiale», section sous-titrée «Etude approfondie: l'Holocauste» dans GB 2), français («Gros plan: l'enfer organisé» dans F 2), italiens et espagnols et, naturellement, dans tous les ouvrages allemands. Dans les pays de l'Europe de l'Est, les manuels

---

1. Un manuel allemand (D 2, p. 112-117) contient des témoignages personnels sur «La vie sous la dictature: participation, adaptation ou résistance?», proposant des extraits de récits de vie (sur la résistance communiste, sur la résistance dans l'armée et au sein de l'Eglise) et d'interviews (un chef SA et un social-démocrate).

Žodynas

Getas – miesto dalis, skirta tam tikrai rasinei, tautinei arba religinei grupei prievarta apgyvendinti.
Holokaustas – auka sudeginant; visiškas sunaikinimas.
Krematoriumas – pastatas su įrenginiu lavonams deginti.

Lenkų rašytojo antikomunisto mintys apie Vokietijos ir SSRS koncentracijos stovyklas

Jokioje šiuolaikinėje valstybėje – išskyrus Rusiją – nepasisekė mobilizuoti tiek šimtų tūkstančių žmonių budelių tarnybai. <...> Rusijoje priverčiamojo darbo stovyklų prižiūrėtojų bei pareigūnų vaidmuo buvo daug pasyvesnis, tose stovyklose žmonės buvo naikinami ne dujomis ar kankinimais, bet žūdavo nuo atšiauraus klimato, baisių sąlygų ir bado. Tad tiktai Vokietijoje sveiki ir tariamai normalūs žmonės masiškai ir aktyviai dalyvavo žiauriai fiziškai kankinant ir žudant <...>

Z. Grabowski. Ojczyzna Europa. Londyn, 1967, s. 163-164.

Vaclovas Sidzikauskas apie savo išgyvenimus nacių koncentracijos stovyklose 1941-1942 metais

<...>Soldau koncentracijos stovykla buvo <...> sakyčiau, skaistykla, palyginti su Auschwitzo pragaru, kurioje buvo naikinami tik Soldau apylinkės lenkai ir žydai. Tačiau šiurpių vaizdų nestigo ir čia. Pats mačiau, kaip lenkai kunigai ir vienuolės buvo sodinami į sunkvežimius ir išvežami iš stovyklos, o paskui juos važiavo automobilis su SS vyrais, kurie vežėsi kulkosvaidžius ir kastuvus. Sugrįždavo tik SS vyrai. <...>
Vokietijos kacetai, nors aš galiu kalbėti tik apie Auschwitzą, nuo kalėjimų skyrėsi tuo, kad kalėjimuose buvo privalomos taisyklės, kurios saistė ir prižiūrėtojus, o kacetuose siautė pilniausia ir nepažabota sauvalė. Prižiūrėtojas galėjo sužaloti ar net užmušti be jokios kalinio kaltės, vien tik todėl, kad jo tokia nuotaika ar kad jam nepatiko kalinio "fizionomija".

V. Sidzikauskas. Lietuvos diplomatijos paraštėje. Vilnius, 1994, p. 200, 203.

Konclagerių vergai

1. *Apibūdinkite elgesį su kaliniais koncentracijos stovyklose (kacetuose).*

(Lituanie) *Naujausiųjų laikų istorija* (1998)
© Kronta, Vilnius

insistent sur l'impact de l'occupation en général, l'annihilation des Juifs n'étant souvent mentionnée qu'incidemment.

Ce point mérite réflexion, car il y a là deux modes de présentation totalement divergents: d'un côté, on mentionne simplement le meurtre systématique de plus de 6 millions de personnes, de l'autre, on décrit en long et en large l'annihilation des Juifs et des autres peuples, avec photos des actes de barbarie à l'appui; et ces deux présentations s'adressent l'une comme l'autre à des jeunes de 14 ans. La sélection des informations semble souvent pour le moins arbitraire.

Présenter l'Holocauste avec d'autres thèmes tels que guerre, occupation, collaboration et résistance pose un problème grave, car il s'agit d'un sujet non seulement important mais extrêmement sensible. Notre analyse a identifié deux principales approches du sujet.

Premièrement l'extermination des Juifs est perçue comme une composante d'une politique d'extermination qui a touché d'autres parties de la population. Pas de description séparée de l'Holocauste et de la persécution des Juifs, ni d'informations sur les conditions de vie alors imposées aux Juifs, lesquelles différaient souvent beaucoup de celles qui prévalaient pour la majorité de la population – même avant le début des persécutions. Cette approche est celle privilégiée par les manuels de l'Europe de l'Est.

Deuxièmement l'Holocauste est traité comme un sujet à part entière dans le cadre de la description de la seconde guerre mondiale. Certes, le compte rendu des événements apparaît bien plus complet, mais cela pose d'autres problèmes. Des enfants peuvent-ils saisir toute l'ampleur de l'horreur et de la violence? Sont-ils à même de supporter la charge émotive liée aux descriptions et aux images des chambres à gaz et des cadavres dans les camps de concentration? Un livre d'histoire n'a tout simplement pas la place de bien rendre compte de tous les aspects. Pour montrer les diverses étapes qui ont mené à l'extermination finale, la montée des préjugés et de la discrimination, il faut plus que deux à quatre pages. Il en résulte, notamment, que l'horreur est souvent exprimée à travers des récits personnalisés. Là on voit bien que les livres d'histoire ne sont pas le meilleur moyen de faire passer une description fidèle de la dictature dans toutes ses dimensions.

Si les manuels anglais n'accordent pas d'importance démesurée aux informations biographiques concernant Hitler, ils n'en privilégient pas moins un point de vue personnalisé de l'histoire. Ainsi, les passages traitant des persécutions nazies citent très fréquemment «Hitler», les «SS» ou «les Allemands». En clair, Hitler prend les décisions et les autres sont des exécutants.

L'approche personnalisée adoptée par le manuel anglais GB 1 (p. 44-45) montre Hitler comme le premier responsable du national-socialisme en Allemagne. Le dictateur est dépeint à travers un compte rendu biographique très sommaire et suggestif – exemple discutable d'une approche historique très centrée sur l'élève. Manifestement, les auteurs ont adapté les documents en fonction du groupe d'âge ciblé, mais le résultat est une représentation fausse. Pour perdurer, les régimes dictatoriaux exigent plus qu'un simple dictateur.

Dans GB 2 (p. 57-58), le chapitre consacré à l'Holocauste s'ouvre sur le récit d'une «fusillade massive par les nazis». A la différence de GB 1, les auteurs changent de point de vue dès lors qu'il s'agit de fournir des explications sur l'antisémitisme, qui n'est pas attribué uniquement à Hitler:

> «L'antisémitisme est la haine et la persécution des Juifs. Hitler ne l'a pas inventé. L'antisémitisme existait partout en Europe et ce depuis bien des siècles. Hitler est allé plus loin en créant un parti politique fondé sur cette haine.»

Une page décrit avec une sobre neutralité comment la discrimination a abouti à l'extermination. A la fin du chapitre, les auteurs abordent une question que les élèves sont susceptibles de poser:

> «Pourquoi n'ont-ils [les Juifs] pas résisté?»

La réponse est brève:

> «Dans la plupart des cas, les victimes ne comprirent pas ce qui allait leur arriver. Les SS se donnèrent beaucoup de mal pour s'assurer qu'elles allaient à leur mort sans se méfier. On leur disait qu'elles devaient prendre une douche pour des raisons d'hygiène.»

A première vue, la réponse est correcte. Mais supposons qu'un élève ne s'en satisfasse pas et demande: les Juifs se seraient-ils défendus s'ils avaient connu leur sort? L'enseignant devra admettre que le livre d'histoire ne dit pas toute la vérité. En réalité, beaucoup de victimes se doutèrent qu'elles allaient être assassinées mais essayèrent de rationaliser l'irrationnel. Or, à 14 ans, peut-on appréhender une situation aussi complexe? Un manuel scolaire doit-il présenter tous les arguments et toutes les ramifications ou, au contraire, laisser croire à ce groupe d'âge que les victimes se seraient rebellées si elles n'avaient pas été trompées par les SS?

Les nazis ont exterminé presque toutes les communautés juives en Europe. Certes, de nombreuses cartes étayent ce fait mais l'on rencontre encore des traces de ce que l'on pourrait appeler une «subjectivité nationale». Dans le manuel anglais GB 2, la carte reproduite en annexe situe les plus grands camps d'extermination en Pologne, mais n'en mentionne que deux en

Allemagne même, à savoir Bergen-Belsen et Dachau. Dans l'esprit des citoyens britanniques et nord-américains, ces deux camps sont synonymes des atrocités nazies, car le camp de Bergen-Belsen a été libéré par les Britanniques et celui de Dachau par les Américains. D'autres camps semblables, tels que Neuengamme et Buchenwald, également libérés par les Alliés occidentaux, ne sont pas signalés tout simplement parce qu'ils n'ont pas bénéficié de la même attention médiatique. L'armée britannique a filmé les scènes horribles découvertes à Bergen-Belsen, et ce reportage a laissé une empreinte indélébile sur la représentation que se fait le public du national-socialisme. Pourtant pour la Russie et la Pologne, ce sont Oranienburg-Sachsenhausen et Buchenwald qui symbolisent l'horreur des camps dans le «Reich», où tant de leurs compatriotes ont péri.

C'est seulement des années plus tard que le nom d'Auschwitz-Birkenau en est venu à symboliser toute l'étendue de la terreur et de la brutalité nazies. Sur toutes les cartes, Auschwitz-Birkenau est désigné comme «camp de concentration et d'extermination», bien que la différence entre les deux termes ne soit pas expliquée. En Pologne, Auschwitz-Birkenau représente avant tout un symbole de la résistance polonaise contre la répression nazie, alors que pour la communauté juive du monde entier ce lieu incarne toutes les atrocités perpétrées contre elle. Les livres d'histoire en usage à l'école ne peuvent espérer résoudre les complexités soulevées par ces multiples interprétations d'un nom de lieu. Il faut donc nous poser cette question: comment les élèves peuvent-ils arriver à comprendre que n'importe quel traitement de ce sujet pourrait être objectif, puisque toute présentation reflète un parti pris national? La compréhension et l'interprétation de l'Holocauste représentent l'un des obstacles majeurs à la prise en compte de la dimension européenne dans les esprits de la jeune génération.

Côté russe, presque tous les livres d'histoire abordent le sujet de manière très conventionnelle. Les termes «Holocauste», «génocide», «catastrophe des Juifs européens», «politique d'Etat de l'antisémitisme», etc., sont tout simplement absents des documents officiels (programme scolaire obligatoire minimal et curriculum élargi). Pour traiter de l'histoire de la Russie, la plupart des manuels restent très classiques. «Le nouvel ordre» introduit par les nazis est essentiellement caractérisé par l'asservissement des peuples slaves. Quant aux Juifs, lorsqu'ils sont mentionnés, c'est seulement en passant. En fait, on ne dit pas que les autorités d'occupation allemandes se servirent de la propagande antisémite pour procéder à une sélection des personnes au nom de principes nationaux. Dans l'ensemble, un survol des manuels d'histoire russes les plus courants nous montre que les auteurs ne saisissent pas vraiment l'importance du thème de l'Holocauste et que, à bien des égards, ils restent prisonniers de la présentation partisane héritée de la période communiste pour évoquer l'histoire de la seconde guerre mondiale. C'est précisément pour cette raison que, parmi les manuels analysés, seul RUS 1 accorde au sujet suffisamment d'importance. Bien que destiné aux premières classes secondaires, ce manuel est aussi largement utilisé dans les classes supérieures (classe de première, en particulier) et jouit d'une large diffusion[1].

Le manuel RUS 1 pose les principales caractéristiques du national-socialisme: nationalisme, totalitarisme, culte de la violence, soutien des masses, attitudes antidémocratiques et antisémitisme. Il déclare que l'antisémitisme devint la politique officielle de l'Etat fasciste. Toutes les différentes étapes qui ont conduit de la discrimination à l'extermination, intensifiant sans cesse les persécutions, sont mentionnées (par exemple le boycott des magasins juifs en 1933, les «lois» de Nuremberg qui privaient les Juifs de leur citoyenneté allemande, les pogroms à partir de 1938, les ghettos…). Il est aussi clairement dit que toutes ces mesures eurent un immense effet sur la vie quotidienne des Juifs: interdiction de paraître dans les lieux publics, interdiction de diriger une affaire, obligation de porter l'étoile jaune sur leurs vêtements. En somme, l'extermination des Juifs était préparée.

> «L'extermination commença dans les années de guerre: 6 millions de Juifs devinrent les victimes de la folie raciale des nazis». (RUS 1, p. 96)

En outre, dans les documents directement consacrés à la seconde guerre mondiale, l'antisémitisme de la politique d'Hitler est rappelé à plusieurs reprises. Ainsi, à la page 132 du chapitre sur le «Rôle de la Pologne», nous lisons:

> «Alors commença la destruction systématique des Juifs, l'intelligentsia polonaise. La conscription de la main-d'œuvre fut instituée et des centaines de milliers de Polonais furent emmenés en Allemagne au travail obligatoire.»

A la page 146 du chapitre sur le «Mouvement de la Résistance», on voit que:

> «Les actions exécutées par les forces d'occupation allemandes pour mettre en place la politique raciale en vue de l'extermination des «peuples inférieurs» avaient constitué une raison pour résister. Partout en Europe, les Juifs, les Tsiganes et, plus tard, la population slave, devinrent les victimes de cette politique. Sur tout le territoire de l'Europe furent construits des camps de concentration, les plus grands étant Osventsim, Majdanek, Treblinka, Dachau, Buchenwald, Oranienburg-Sachsenhausen, Ravensbrück,

---

1. Pour rappeler comment les différents auteurs russes de manuels d'histoire traitent ce sujet, nous citerons également un autre ouvrage connu, *Le monde du 20ᵉ siècle*, publié par O.S. Soroko-Tsupy (Proveschenie, Moscou, 1996), qui évite soigneusement les thèmes liés à l'Holocauste. Comme il est destiné aux élèves plus âgés (classes de première), il ne figure pas dans notre analyse.

> Mauthausen... Ces camps emprisonnèrent 18 millions de personnes. 12 millions d'entre elles furent tuées.»

Plus loin, en plus petits caractères (signalant les documents facultatifs), la politique d'Hitler à l'égard des Slaves est qualifiée de génocide, alors que vis-à-vis des Juifs elle est appelée «une véritable catastrophe». La Conférence de Wannsee, le 20 janvier 1942, est mentionnée, de même que les camps d'extermination (plus précisément, Osventsim et Treblinka), les chambres à gaz et les fours crématoires, les exécutions en masse de la population juive, en particulier sur le territoire de l'URSS.

> «L'extermination de 11 millions de Juifs avait été planifiée. Lorsque ce convoyeur de mort s'arrêta, plus de 6 millions d'entre eux avaient péri.» (p. 147)

Le paragraphe 19, «Raisons de la montée de la guerre froide», parle du Tribunal international pour le jugement des chefs nazis de haut rang, et présente même une photo: «Chefs nazis au banc des accusés à Nuremberg» (p. 159). Là encore, la tragédie des Juifs durant la seconde guerre mondiale est citée comme l'une des principales raisons conduisant à intensifier les efforts en faveur d'un «mouvement pour créer un Etat juif en Palestine» (p. 174).

Nous avons abondamment cité ce manuel pour montrer que, même sous une forme factuelle et malgré le silence du programme officiel sur le sujet de l'Holocauste, il est possible de fournir suffisamment d'informations. Dans cette optique, le manuel peut servir à exemplifier les informations minimales à donner sur les persécutions et l'extermination de la population juive durant la guerre. Bien que le langage soit factuel, les émotions ne sont pas à proscrire totalement. Parfois, un langage «objectif» risque de troubler les élèves. Ils peuvent prendre l'idéologie nazie pour une réalité, ne serait-ce qu'inconsciemment. Dans un sous-chapitre intitulé «Le fascisme ordinaire» (p. 70), le manuel RUS 5 décrit l'idéologie nazie de la manière suivante:

> «Les Slaves, les Tsiganes et les Juifs appartiennent à des races inférieures. Les races inférieures étaient vouées à l'extermination. Tsiganes et Juifs devaient être exterminés immédiatement... Polonais, Ukrainiens et Biélorusses doivent disparaître. Ils doivent servir aux intérêts du Reich.»

Certes, il est précisé que le texte ne fait rien d'autre que refléter l'opinion des nazis sur les autres peuples, mais la formulation risque fort aussi de cimenter des préjugés latents dans l'esprit des élèves. Quelles que soient les circonstances, les auteurs de manuels scolaires doivent éviter d'employer dans leur propre texte le langage des criminels. L'élève doit reconnaître sans équivoque qui parle. Toute citation de la terminologie nazie doit fournir à l'élève matière à discuter et à trouver ses propres mots pour parler de ce que les nazis nommaient les «races inférieures», sans diminuer «l'autre». Pour ce faire, le mieux est encore d'insérer des sources qui serviront de base à la discussion et à la réflexion, et non pas seulement à l'information pure et simple.

Les auteurs du manuel RUS 5 (p. 76) tirent une conclusion remarquable de la description des divers groupes de population assassinés sous l'occupation nazie. Ils déclarent que toute terreur d'Etat, «indifféremment des circonstances, temps et lieux», tend vers un seul résultat logique: elle commence par les petites unités (groupes, partis...), elle grandit et, doucement mais sûrement, s'empare de nouvelles catégories de la population. Elle peut donc un jour concerner chacun de nous. Il est impossible de rester à ne rien faire en espérant que seuls les Juifs, les Tsiganes et les communistes seront tués.

Bien que bon nombre de textes, tel celui cité ci-dessus, inscrivent la persécution des Juifs dans le cadre plus large des politiques de racisme et de génocide, presque tous les manuels des pays ayant gravement souffert de l'occupation allemande rangent l'Holocauste sous le thème général de la politique d'occupation et des mesures de persécution avant tout dirigées contre leur propre peuple. De ce fait, l'Holocauste ne vient qu'accessoirement (sous-chapitre ou autre) dans le texte plus généralement consacré aux persécutions et à l'occupation sous les nazis. Il est rarement considéré comme une menace d'une portée générale contre l'humanité. Presque toujours, les manuels qui traitent de l'histoire mondiale séparément (manuels russes, par exemple) se contentent d'évoquer les Juifs comme un groupe persécuté parmi d'autres, sans référence spécifique à l'Holocauste. A l'opposé des manuels anglais, italiens ou nordiques, ils n'y voient pas un défi universel puisqu'il trouve sa place dans l'histoire nationale.

Migrations transnationales et conflits ethniques

«Les réfugiés furent ces hommes, ces femmes et ces enfants au visage gris et aux habits misérables qui errèrent sur les routes de l'Europe durant les premières semaines de paix.» Ainsi commence, dans le manuel anglais GB 4 (p. 112-113), un bref chapitre sur les réfugiés de l'après-guerre. Et d'ajouter que «sur les 30 millions de réfugiés, environ 12 millions étaient des Allemands chassés de leur foyer, en Tchécoslovaquie, ou de ce qui était maintenant la Pologne», commentaire plutôt inhabituel pour un livre non allemand. Les autres groupes ne sont pas cités par leur nom, ce qui suggère indirectement le problème très délicat inhérent à ce sujet. Dans quelle mesure peut-on dire que quelqu'un est un réfugié? Les auteurs se heurtent à une autre difficulté lorsqu'ils tentent de décrire la situation de certains groupes et d'expliquer pourquoi ils avaient choisi ou été contraints de fuir. Malheureusement, ce manuel est peu disert sur ces thèmes et se termine par un énoncé lapidaire sur le rôle de l'administration des Nations Unies pour les secours et la reconstruction (l'UNRRA): «A la fin de 1947, le plus gros de son travail était accompli.»

Les migrations transnationales au lendemain des deux guerres sont surtout traitées dans les manuels des pays affectés. A noter, cependant, de remarquables exceptions (par exemple «*Refugees*» dans le manuel GB 3; et d'autres relevées essentiellement dans des ouvrages italiens). Pour dénombrer ceux qui ont perdu foyer et biens, et qui ont tenté de recommencer une nouvelle vie dans des conditions aussi affreuses, les chiffres varient entre 25 et 30 millions. Chaque auteur a tendance à faire ressortir tel ou tel aspect du problème de la migration, en fonction de ses intérêts personnels. En règle générale, rien n'avertit le lecteur que seuls sont mentionnés quelques-uns des multiples groupes touchés. Souvent, il est difficile de voir exactement ce que l'auteur veut mettre en valeur: le nombre de gens forcés de quitter leur foyer? Ce que cela implique, pour la société comme pour les individus, d'avoir à réimplanter des pans entiers d'une population? Incontestablement, les élèves ont besoin d'une orientation géographique, d'informations factuelles et de connaissances contextuelles concernant les différents groupes et les multiples causes de la migration, et il faudrait les inciter à mesurer la richesse des milieux pluriculturels nés de ces mouvements de population. Or, aucun manuel, à travers ses multiples textes ou cartes, ne semble à même de présenter ce problème complexe dans toutes ses ramifications. Il semblerait que le sujet soit impossible à traiter de manière adéquate dans les limites d'un livre d'histoire.

Il est rare que les textes fournissent des informations détaillées sur la situation critique des minorités ethniques, des réfugiés et des migrations; sur ce sujet, les cartes sont souvent trop vagues. Dans une section intitulée «Les réfugiés durant l'après-guerre», un manuel italien (I 2, p. 302) fait référence aux 200 000 Lettons, Estoniens et Lituaniens venus de Russie vers les Etats baltes, ainsi qu'au million de Russes qui émigrèrent vers l'Ouest après la révolution bolchevique. La Turquie et la Grèce ont aussi connu des mouvements de population qui ont touché environ 430 000 Turcs et 1,35 million de Grecs – faits rarement documentés.

S'agissant de la situation qui régnait après la seconde guerre mondiale, ce manuel adopte aussi une approche plus sommaire. Une carte illustre l'expulsion des populations ainsi que la migration des travailleurs dans les années 50.

Les auteurs reviennent sur ce thème, plus loin, dans la section intitulée «La reconstruction de la société», qui concerne la période postérieure à la seconde guerre mondiale. En l'occurrence, ils s'intéressent tout particulièrement aux réfugiés allemands, italiens, russes et polonais, ainsi qu'aux personnes qu'il a fallu réimplanter. Ils parlent de 12 millions de réfugiés gardés dans des camps ou déportés par les nazis. Ils évoquent l'intervention des organisations internationales pour aider les personnes déplacées à se réimplanter. Pourtant, pas un texte ni une carte ne parviennent à faire comprendre les complexités inhérentes au problème. Nous avons là encore un thème impossible à traiter comme il convient dans un livre d'histoire, où la subjectivité des auteurs tend à l'emporter sur un compte rendu objectif de l'ensemble du problème.

Un autre manuel italien tente de se montrer aussi complet que possible sur le sujet, avec une carte et des explications à l'appui. On y parle aussi des Juifs qui ont survécu aux persécutions, la plupart ayant émigré en Israël. Il y eut en tout 25 millions de réfugiés (30 millions selon d'autres manuels) jetés sur les routes, forcés d'abandonner leur foyer et, presque toujours, leurs biens.

Le thème de la «migration» n'est pas nécessairement traité d'un point de vue interculturel, mais parfois selon une position nationale avantageuse. Ainsi, les manuels croates insistent sur le fait que les émigrants de Croatie conservent un sens aigu du patriotisme. Les multitudes de personnes qui durent quitter la Croatie au tournant du siècle représentent, certes, une «perte tragique pour la nation», mais elles ont fondé des organisations qui ont su promouvoir et renforcer la foi dans le nationalisme croate; beaucoup de ces gens ont participé à «la guerre pour défendre la République croate» (HR 1, p. 152).

Tant par le passé que de nos jours, la Yougoslavie représente le terrain d'un conflit qui a marqué la transition entre la fin du système communiste et une nouvelle Europe pluraliste et démocratique, thème plus largement développé dans les manuels de différents pays. D'autres secteurs à problèmes sont souvent évoqués: «Un réveil des nations?», interroge le manuel français F 3 (p. 166), en référence aux Corses et aux Basques en France, aux Flamands en Belgique, aux Lombards en Italie et aux problèmes de l'Irlande du Nord. On parle aussi de la «cruelle» guerre civile en Yougoslavie et de la division de la Tchécoslovaquie. Le manuel italien I 2 (p. 339-400) contient des sections sur le «Conflit ethnique et territorial entre les nouveaux Etats» en référence à l'Arménie et à l'Azerbaïdjan, et sur «La guerre fratricide» du peuple yougoslave. «La tragédie de la Yougoslavie» titre un chapitre du manuel italien I 4. Une distinction est nettement faite entre la conscience nationale justifiée et les excès d'un nationalisme exclusif dans le manuel allemand D 2.

> «Mais dans la Yougoslavie de Tito, les Croates et les Slovènes eurent aussi le sentiment d'être désavantagés par rapport aux Serbes; ces derniers, de leur côté, se sentaient humiliés par les Croates et les Slovènes plus prospères. [...] Lors des premières élections libres, les puissances nationales l'emportèrent [...] elles voulurent quitter l'Etat yougoslave et fonder un Etat national indépendant, sans tenir compte du fait que de fortes minorités nationales vivent dans presque toutes les républiques. Ainsi se formèrent des positions irréconciliables à travers l'embrasement du sentiment national.
> (D 2, p. 212)

Sont aussi évoqués les efforts réalisés par les Nations Unies et autres organisations pour restaurer la paix. Le manuel allemand (p. 202) sollicite un jugement critique: «Que peuvent faire les Etats occidentaux pour renforcer le développement démocratique dans cette région?» La plupart des manuels d'Europe de l'Ouest, cependant, présentent les Balkans exclusivement comme une région de conflits qui génèrent plus que ne combattent les images stéréotypées que les élèves ont déjà à l'esprit quand ils regardent la télévision ou lisent les journaux.

Au 20e siècle, certains pays, soit individuellement ou ensemble, ont déclenché de graves conflits qui ont dévasté le continent européen et causé d'incalculables pertes humaines. Les politiciens, aux Etats-Unis comme en Europe, en ont tiré ces conséquences: dans une Europe en plein redressement, les intérêts nationaux doivent être liés, voire subordonnés, aux intérêts européens. Quel que soit notre point de vue sur la question, force est de reconnaître que l'intervention de l'Otan en Yougoslavie prouve que la coopération européenne peut infléchir les politiques nationalistes qui nient les plus élémentaires droits de l'homme. Bien entendu, on risque aussi de raviver la crainte d'un jeu de puissances européennes dominé par l'intérêt des Etats économiquement forts. Dans presque tous les manuels des Balkans, ce scepticisme est encore virulent.

Dans les diverses républiques issues de l'ex-Yougoslavie, l'image de soi et l'image de l'autre sont d'abord et avant tout formées par les conflits mutuels et par la tentative d'établir une identité nationale; chacun nie à l'autre le droit d'appartenir à la communauté de la civilisation européenne. La Croatie et la Serbie, en particulier, se posent chacune en défenseur de la civilisation et voient l'autre comme le barbare qui veut la détruire. Cette situation se reflète dans les livres d'histoire: les récents événements ont exclus toute tentative de concilier les différences ou de se polariser sur les points communs. En Croatie, les manuels mettent en avant les phases clés de la guerre pour l'indépendance, soulignant que le pays a mené une «guerre juste» et innocentant tous les crimes commis par l'armée croate. A ce propos, le texte est tout à fait catégorique, à en juger par cet hymne déclaré au patriotisme et à l'unité nationale, qui ne souffre pas la contradiction:

> «Les forces croates, qui depuis le printemps 1991 ont pu déployer des équipements de plus en plus sophistiqués, ont infligé de grosses pertes aux agresseurs. Elles ont détruit les tanks et les avions de l'ennemi, mais aussi son moral. Les batailles menées autour de Vukovar resteront un témoignage de l'héroïsme de l'armée croate. Le patriotisme et le courage montrés par nos soldats pour défendre leur patrie serviront d'exemple aux générations futures. Tout notre peuple, dans le pays comme à l'étranger, s'est uni pour évincer l'agresseur serbe et pour établir une nouvelle Croatie

Investigación

El conflicto yugoslavo (1980-1995)

Los comienzos de la desintegración

Desde 1981, la región autónoma de **Kosovo**, en la que los albaneses suman casi el 80 % de la población, pretendía ser reconocida como república; el 20 % restante lo componía la minoría serbia y montenegrina. Los disturbios nacionalistas eran cada vez más intensos y más duramente reprimidos.

La LCY (Liga Comunista Yugoslava) dejó de existir en el XIV Congreso (1990). Ese año se celebraron elecciones multipartidistas y ganaron por mayoría los nacionalistas, con la excepción de Serbia y Montenegro, en donde triunfaron los comunistas, a pesar del hundimiento de los regímenes comunistas del Este europeo. En mayo de 1991, **Eslovenia y Croacia votaron la separación de la Federación Yugoslava**, cuyo ejército se hizo con el poder federal. En junio, Eslovenia y Croacia proclamaron oficialmente su independencia.

Inicio de la guerra civil

En julio de 1991, las tropas federales abandonaron Eslovenia, con lo que, de hecho, la Federación Yugoslava aceptó la **independencia eslovena**, pero se recrudeció la **guerra en Croacia:** la actuación del ejército federal —en realidad, serbio— alcanzó niveles de genocidio. El 15 de septiembre, la República de **Macedonia** proclamó su independencia, pero el reconocimiento internacional de su soberanía se vio bloqueado por Grecia, que deseaba la incorporación de Macedonia como provincia.

La **República de Bosnia-Herzegovina proclamó su independencia** el 3 de marzo de 1992 y fue rápido el reconocimiento internacional. Estaba compuesta por un 43 % de musulmanes, un 31 % de serbios (ortodoxos) y un 17 % de croatas (católicos). Los serbios de Bosnia se opusieron a la independencia de su república y constituyeron milicias armadas apoyadas por las fuerzas de la Federación Yugoslava, reducida ya a Serbia y Montenegro. El ejército bosnio, armado con material ligero, no pudo resistir el avance de las milicias y del ejército federal.

> La indefensa población de Bosnia no pudo hacer nada para salvarse. Cientos de mezquitas y templos católicos fueron pastos de las llamas, cientos de pueblos fueron arrasados y limpios de croatas y musulmanes. Estos dos pueblos se unieron entonces para luchar contra el agresor serbio, pero en muy pocas zonas de la república consiguieron detener su avance. [...]
>
> La guerra ha causado ya alrededor de 150 000 muertos, 151 000 heridos y más de 2 000 000 de refugiados. Además de unos 12 100 paralíticos, aproximadamente 38 000 mujeres violadas y 156 000 detenidos en campos de concentración. Y la masacre continuará, porque nadie hace nada para evitarlo.
>
> Bosnia-Herzegovina. Crecer en la guerra
Ana Expósito Vara
Edelvives

La **respuesta internacional** a la petición de ayuda de Bosnia fue el embargo de armas a los contendientes y el bloqueo a la Federación Yugoslava. El embargo de las armas sólo perjudicó a los bosnios, porque los serbios disponían de armamento pesado. El problema bosnio se complicó con la actitud de los croatas que también constituyeron milicias apoyadas por el ejército.

Después de que las repúblicas de Eslovenia, Croacia, Macedonia y Bosnia abandonaran la Federación Yugoslava, las dos restantes, Serbia y Montenegro, constituyeron el 21 de abril de 1992 la **República Federal Yugoslava**. En las elecciones volvió a ser elegido presidente Slobodan Milósevic, comunista de la línea dura y defensor a ultranza de la vieja idea de la *Gran Serbia*.

276

(Espagne) *Geografía e Historia Secundaria* (1995)
© Edelvives, Saragosse

qui jouisse d'une réputation internationale pour la défense du droit à la liberté et à l'autodétermination.» (HR 2, p. 213)

Nous trouvons des descriptions détaillées des crimes commis contre la population croate par les «agresseurs serbes» en 1991. Les Serbes, dépeints comme des «barbares impitoyables pris de folie meurtrière», ont fait la guerre avec une intention de «génocide» (HR 2, p. 208-212). Les auteurs affirment que la Croatie a dû renoncer à ses liens européens lorsqu'elle a été contrainte de s'unir à la République fédérale de Yougoslavie dominée par les Serbes; mais, au bout du compte, la Croatie a su mettre à mal cette tentative de subordination. Cette classification de la Serbie comme Etat non civilisé et anti-européen est fortement soulignée par une comparaison avec l'occupation autrichienne avant la première guerre mondiale. «D'une façon générale, on peut dire que le Gouvernement austro-hongrois permit à la Bosnie-Herzégovine de revenir au sein de l'Europe. La population [...] put à nouveau adhérer aux valeurs européennes[1].»

En Croatie, les livres d'histoire montrent l'intégration européenne sous un éclairage favorable, d'autant plus que l'Union européenne a apporté son soutien au pays dans sa lutte pour l'indépendance; reste que les diverses étapes qui jalonnent la voie vers l'unité européenne ne sont guère commentées. Là encore, c'est la contribution de l'Europe à l'histoire nationale croate qui est mise à l'honneur:

> «Lorsque la Communauté européenne a vraiment pris conscience de l'agression armée et de la situation désespérée de la population civile, elle a commencé à suivre de beaucoup plus près le cours des événements, car il était pour elle vital que cette partie de l'Europe reste en paix.» (HR 2, p. 209)

Plus prudents dans leur manière de présenter le conflit avec la Serbie, les livres d'histoire bosniaques font moins de place au sujet. La Bosnie-Herzégovine est vue comme une région européenne qui ne différait des autres Etats que dans la mesure où elle conservait des traces de la présence ottomane. Le livre admet qu'il existait des tensions entre une culture slave et une culture fondée sur des valeurs arabes, turques et orientales, mais ces tensions sont entièrement envisagées d'un point de vue européen.

Dans le manuel croate, selon la section intitulée «Les faiblesses que la Yougoslavie socialiste n'a pas surmontées», il ne fait aucun doute que la désintégration de la fédération yougoslave est le fait des Serbes et de leur mépris des droits des autres nationalités, en particulier au Kosovo.

> «[...] Tito mourut en 1980 [...] La crise économique et sociale s'aggrava. En 1989, le taux d'inflation dépassait 2 000 %. En outre, les relations entre les

---

1. Tomislar Jelić, Franko Mirosević et al., *Povijest* (Histoire), Školska knjiga, Zagreb, 1998. Cet ouvrage traite de la période allant du 18ᵉ siècle à 1914.

> Etats continuaient de se détériorer, comme au Kosovo, où la politique serbe bafouait cruellement les droits de l'homme, de la nationalité et de la citoyenneté des Albanais, population majoritaire dans cette région.» (HR 1, p. 140)

Pour compléter ce tableau, ajoutons que les manuels serbes voient dans leur pays une victime des politiques menées par les grandes puissances européennes. La Serbie est dépeinte comme un pays totalement livré aux caprices des Etats-Unis et de l'Union soviétique/la Fédération de Russie, pays uniquement soucieux de leurs intérêts impérialistes et personnels. Le lecteur garde l'impression d'une Serbie incomprise et maltraitée, surtout du fait que les Serbes eux-mêmes estiment avoir beaucoup apporté à l'Europe comme au reste du monde.

L'Union européenne s'est montrée beaucoup plus hésitante à soutenir la cause de la Bosnie-Herzégovine, fait reflété par le texte des auteurs affirmant que, bien que l'Europe ait été prête à reconnaître la souveraineté de la Bosnie, elle n'a pas fait grand-chose pour vraiment défendre le pays. En réalité, nous dit-on, certains Etats européens ont préféré soutenir l'«agresseur», remettant ainsi en cause leur engagement en faveur des principes démocratiques, de la paix et de l'autonomie culturelle «qui, du moins sur le papier, devaient être les premières pierres d'une nouvelle Europe». L'Union européenne est donc perçue comme l'héritière légitime des anciennes puissances qui ont dominé l'Europe pendant longtemps. Du point de vue des Etats balkaniques, l'Union européenne ne peut jamais être considérée de manière totalement positive.

Les manuels bosniaques plus récents sont particulièrement sensibles aux thèmes de tous les conflits armés survenus depuis la seconde guerre mondiale. Ils indiquent le nombre des blessés et des réfugiés, chose rare dans les manuels des autres pays balkaniques (voir BiH 2, p. 106). Dans BiH 1 (p.119), le chapitre concernant la période post-1945 commence par dresser la liste des pertes, tant humaines que matérielles, subies par la Yougoslavie durant la guerre. Le texte déclare que, proportionnellement, «les Musulmans bosniaques ont plus souffert que les autres».

> «Les Musulmans bosniaques furent victimes d'une politique de génocide particulièrement brutale durant la seconde guerre mondiale, fait qui ne méritait pas l'attention [dans la Yougoslavie de l'après-guerre]. Il était interdit d'aborder le sujet, ce qui sous-entendait plus ou moins que les victimes avaient moins d'importance que celles des autres groupes ethniques yougoslaves.»

S'agissant de l'antagonisme gréco-turc qui a suivi la première guerre mondiale, les auteurs grecs font montre d'une étonnante discrétion sur l'expulsion de la population grecque de l'Asie mineure et sur la destruction de la communauté grecque de Smyrne. Ces événements tragiques et violents sont perçus comme les défaites les plus traumatisantes de l'histoire contemporaine grecque; en des temps plus lointains, leur souvenir a exalté un sentiment national et exacerbé une haine contre les Turcs. Aujourd'hui, ils sont présentés de manière factuelle et plutôt descriptive, sans inciter à des sentiments négatifs envers l'ancien ennemi.

Dans un article très complet sur la manière dont les livres d'histoire décrivent la renaissance du nationalisme bulgare, il y a près d'un siècle, Snezhana Dimitrova et Naum Kaytchev relèvent l'opinion encore ambivalente entretenue sur le concept de nation. Dans le manuel bulgare publié après la dissolution du régime communiste, ils ont rencontré deux types de récits:

> «D'un côté, un nouveau point de vue géopolitique a été mis en place; l'identification avec "l'Europe" prévalait, système qui soulignait l'identification "universelle" plutôt que "nationale"... Pourtant, malgré sa formulation ostensiblement modernisante et libérale, le manuel de 1993 a présenté la "question nationale" comme "une question d'unification des Bulgares dans leur frontière ethnique[1]".»

Le second type de récit traite de la formation de la nation bulgare, depuis la paix de San Stefano jusqu'à l'effondrement du communisme. Il s'intéresse aux problèmes de «frontières justes» et de l'homogénéité nationale. Le premier type de récit prend les sociétés européennes comme modèle d'Etat et de citoyenneté bulgare. Ainsi, l'Europe n'est pas toujours vue sous le même jour: jamais elle n'a reconnu aux Bulgares «leurs frontières ethniques» – question non résolue qui continue d'affecter la conscience nationale. Reste que pour construire la nouvelle société bulgare postcommuniste, il n'est d'autre choix que d'adopter un concept moderne de Constitution fondé sur la citoyenneté et sur l'éducation. Ces deux concepts se retrouvent dans le manuel qui offre, selon Dimitrova et Kaytchev, «un bizarre mélange de nationalisme ethnique (de type Herder) et civique (de type français)».

Même certains des nouveaux manuels tchèques, malgré une approche remarquablement «intégrée», ont été critiqués pour leur concept traditionnel de nation. Selon P. Èornej[2], le sens du terme «nation» dans les pays d'Europe centrale et orientale est essentiellement basé sur un principe ethnique. Cela signifie, par exemple, que la nation tchèque est perçue comme une

---

1. Snezhana Dimitrova et Naum Kaytchev, «Bulgarian nationalism, articulated by the textbooks in modern Bulgarian history 1878 and 1996» (Le nationalisme bulgare, tel que formulé dans les manuels d'enseignement de l'histoire moderne de la Bulgarie entre 1878 et 1996), dans *Internationale Schulbuchforschung/Recherche internationale sur les manuels scolaires*,1998, vol. 20, p. 51-70.
2. P. Èornej, *Problém evropské dimenze ve vyuce dìjepisu* (Problèmes de la dimension européenne dans l'enseignement de l'histoire, dans E. Walterová, *Evropská dimenze ve vzdìlávání a v pøípravì uèitelù*, Pedagogická fak. UK, Prague, 1996, p. 141-148.

communauté de gens qui partagent les caractéristiques ethniques des «vrais Tchèques» (en termes d'origine, de langue ou d'habitudes culturelles), pas seulement comme une communauté réunissant tous les habitants de la République tchèque. Selon cette approche, les minorités ethniques sont traitées séparément ou comme «non tchèques» par rapport à la population majoritaire. P. Èornej affirme que cette perception se reflète plus ou moins dans les manuels actuels traitant de l'histoire tchèque et européenne: ils ont conservé une approche ethnocentrique héritée des stéréotypes fixés au 19ᵉ siècle. Cette approche a d'ailleurs été concrètement mise en évidence par D. Èaník, qui a publié certains résultats de son étude sur les livres d'histoire tchèques actuels. Ainsi a-t-il constaté que les manuels produits après 1990 présentent un point de vue partial sur les minorités allemandes et juives, ainsi que sur leur rôle dans l'histoire tchèque[1].

En «ex-République yougoslave de Macédoine», bien que les manuels, en référence au programme officiel, rappellent que l'histoire des peuples voisins est à prendre en compte, elle l'est à travers un point de vue essentiellement macédonien. Quant aux pays voisins, ils sont traités selon le même principe: d'abord, des informations générales sur le système politique, suivies d'un aperçu sommaire sur quelques questions économiques, pour finir presque obligatoirement par un commentaire critique sur les tentatives de «dénationalisation» et d'«assimilation» de la minorité macédonienne vivant dans les pays traités. Les élèves apprennent des choses sur la vie culturelle des Macédoniens, mais pratiquement rien sur la culture du pays hôte. Figurent même (chose assez rare) des données statistiques sur l'émigration dans les autres pays. D'un côté, les manuels critiquent souvent les politiques appliquées aux minorités par les autres pays – Bulgarie, en particulier –, de l'autre, ils vont parfois jusqu'à passer sous silence les problèmes rencontrés par les minorités de leur propre société. Même si les manuels sont appelés à être traduits dans les langues minoritaires, en «ex-République yougoslave de Macédoine» tout comme en Roumanie, par exemple, les minorités qui utilisent ces ouvrages sont souvent uniquement confrontées au point de vue de la société majoritaire.

Pourtant, dans les manuels d'histoire, «Le choc des cultures» (D 4, p. 196) bénéficie d'une attention grandissante. Mode de vie et valeurs de l'Ouest sont comparés avec les sociétés islamiques ou les pays dits sous-développés d'où beaucoup d'émigrants sont partis pour entrer dans le monde européen industrialisé. Par ailleurs, les sociétés de l'Europe de l'Ouest ne peuvent plus être considérées comme culturellement homogènes, changement en général

---

1. D. Èaník, *Národ, národnost, menšiny a rasismus* (Nation, nationalité, minorités et racisme), Institut pro støedoevropskou kulturu a politiku, Prague, 1996.

présenté comme un simple fait. Comment l'aborder? La question semble rester entière.

L'Europe: tradition et avenir

Après la seconde guerre mondiale, l'Europe est-elle capable de s'interposer comme «troisième puissance» entre les «superpuissances»? (D 2, p. 244) Posée comme une question dans le contexte et du temps de la guerre froide, cette interrogation reçoit aujourd'hui, explicitement ou implicitement, une réponse positive dans la majorité des manuels d'histoire.

A la fin de la seconde guerre mondiale, l'Europe semble faire face à la même situation qu'en 1918: bien que certains de ses Etats se rangent dans le clan des vainqueurs, elle a, dans l'ensemble, subi une défaite et se trouve confrontée à un nouvel ordre.

> «L'année 1945 augura une nouvelle ère dans l'histoire mondiale. La seconde guerre mondiale mit fin au rôle dominant de l'Europe [...] Deux pays, les Etats-Unis et l'Union soviétique, se hissèrent au rang de superpuissances – l'une étant un Etat non européen, l'autre à moitié européen.» (H 1, p. 143[1])

Dans la période de l'après-guerre, l'Europe se présente d'abord comme une «région de conflits» et un lieu de «terreur équilibrée» (D 1). Elle se meut dans l'ombre des puissances mondiales et, à la différence des puissances mondiales, fait rarement l'objet d'un chapitre à elle seule. Elle s'inscrit dans un ordre mondial divisé et elle est évoquée à travers des expressions telles que «l'Ouest», «le bloc occidental», «les nations industrialisées», sans être explicitement nommée.

Pour décrire la phase de la guerre froide, les manuels continuent de privilégier une forme de présentation relativement traditionnelle: histoire politique, événements significatifs, politiciens importants, systèmes d'armement et alliances internationales. Les Pays-Bas déclarent: «l'unité européenne est créée par l'Amérique» (NL 4, p. 204). A travers leur coopération mutuelle, les Européens peuvent jouir d'une paix ensoleillée et se protéger de l'orage communiste comme le montre joliment un poster. Le manuel anglais GB 4 adopte une position comme d'habitude sujette à controverse, observant les options qui s'offraient aux Alliés après 1945. L'Occident aurait-il pu prolonger la coopération avec l'Union soviétique malgré la défiance de Staline? Après tout, les Etats-Unis voulaient promouvoir le libre-échange et la Grande-Bretagne souhaitait favoriser une politique de reconstruction rapide. La guerre froide ne fut pas la voie toute tracée, mais bien le fruit de décisions

---

1. De la même façon, le manuel hongrois H 3 (p. 120) déclare: «L'Europe, qui dominait la politique mondiale, est à présent sur le point de perdre son rôle dominant.»

concrètes et de politiques précises nées de la méfiance réciproque engendrée par deux systèmes politiques totalement différents. La plupart des livres analysés suivent ce raisonnement mais, à la différence de GB 4, ils ne permettent pas aux élèves de se former eux-mêmes un jugement.

Quant aux manuels des pays anciennement sous influence soviétique, ils mettent en avant deux choses: le rôle des superpuissances et leur propre impuissance politique. Le résultat de cette situation semble aussi inéluctable que le processus qui y a conduit: «Un rideau de fer est descendu entre les parties orientale et occidentale de l'Europe», précise le manuel hongrois H 1 (p. 246). Le contraste entre les nouvelles superpuissances, qui se situaient à des pôles idéologiques opposés, empêche les pays européens de prendre individuellement des décisions politiques. Il n'existe pas d'alternative; la situation semble invariablement aboutir à une confrontation entre les blocs. Particulièrement prudents dans leurs formulations, les auteurs du manuel slovaque SK 1 (p. 42) tentent de faire comprendre au lecteur pourquoi beaucoup de gens ne se sont pas opposés au communisme après la guerre:

> «Staline tenta d'étendre son influence aux pays qui avaient été libérés par l'Armée rouge. Son objectif était de consolider la position des partis communistes dans ces pays afin de pouvoir, *de facto*, contrôler les politiques de leurs gouvernements. Cette tactique fut facilitée par le fait que, dans plusieurs Etats, le parti communiste avait acquis une certaine réputation en raison de son opposition active au fascisme. Ainsi s'explique la façon dont les communistes participèrent aux gouvernements de l'après-guerre en Tchécoslovaquie, en Italie et en France.»

Sur la toile de fond trop visible de la guerre froide, l'intégration européenne commence à prendre forme:

> «En 1952, six pays capitalistes constituèrent la Communauté européenne du charbon et de l'acier (CECA) – première véritable union. La Communauté économique européenne (CEE) signifia une coopération sur une échelle plus vaste [...] Les principaux Etats membres de la CEE sont l'Allemagne (de l'Ouest) et la France [...] La peur de la menace posée par l'Union soviétique joua un rôle déterminant dans l'émergence d'une unité européenne occidentale. L'Europe de l'Ouest n'étant pas capable de se défendre seule, elle se soumit à la supériorité militaire et politique des Etats-Unis. Néanmoins, l'Europe poursuivit ses efforts pour contrebalancer la prééminence économique des Américains (et, plus tard, des Japonais). Tel fut l'objectif de la CEE.» (H 1, p. 266)

Dans les anciens manuels d'histoire influencés par l'idéologie communiste, les institutions de l'Europe de l'Ouest, telles que la CEE, étaient simplement considérées comme une extension de la menace brandie par les Etats-Unis contre le bloc communiste. Aujourd'hui, elles sont traitées avec davantage d'objectivité. Ainsi, le manuel slovaque (SK 1) souligne que l'idée d'une

Europe intégrée et unifiée remonte à cinquante ans; contrairement à ce que pensent beaucoup d'élèves, elle n'est pas un produit de l'effondrement du bloc soviétique.

Ce n'est que plus tard que «la construction de l'Europe» (F 1 et F 2) est montrée en détail dans la majorité des manuels des pays membres de l'Union européenne; l'extension de l'Europe est visualisée par le biais de cartes. En général, la Commission européenne, le Conseil des ministres et le Parlement européen sont expliqués en détail, les autres organisations et institutions étant simplement citées. Les manuels français s'attardent sur chacune des étapes, précisant les intérêts de la France ainsi que les motivations des autres Etats membres.

Dans les manuels des Balkans, l'établissement et l'intégration des institutions européennes sont d'ordinaire traités de manière très générale et sans plan précis. Les tentatives réalisées en faveur de l'intégration européenne sont rangées dans la période de l'après-guerre et vues surtout comme ayant un caractère politique et économique. Se démarquant de la majorité des manuels d'Europe de l'Est et du Sud-Est, les deux ouvrages produits en Bosnie-Herzégovine s'écartent d'une présentation purement factuelle pour explorer les avantages et inconvénients liés à l'idée et au processus de l'intégration européenne. Ils examinent les diverses étapes – la fondation de la CEE, le Parlement européen et l'expansion qui a débouché sur «l'Europe des Douze» (l'UE), qui a depuis intégré d'autres Etats. Pour les auteurs, l'UE est une puissante force économique résultant de l'idée d'intégration européenne et de l'avènement du Marché unique. Ils pensent que «l'Europe peut renaître maintenant que le bloc communiste s'est effondré». Toutefois, sont également évoqués certains problèmes, tels que la destruction des produits agricoles par les Etats membres «simplement pour empêcher la chute des prix» (BiH 2, p. 107 et suivantes; aussi BiH 1, p. 116). Les commentaires critiques de ce genre se rencontrent rarement dans les livres d'histoire croates qui, dans l'ensemble, débordent d'optimisme quant aux progrès à venir. Economie de marché, démocratie et pluralisme, telles sont les valeurs qui caractérisent la civilisation occidentale, et les auteurs ont le sentiment que la Croatie est en train de retrouver ses racines européennes.

Par rapport aux années 80, l'Europe de l'Est a gagné en importance dans presque tous les manuels allemands, anglais, français et italiens, même si les informations concernant le système politique et économique des Etats de l'Europe de l'Est restent encore peu abondantes ou presque exclusivement liées aux événements récents des années 80 et 90. Sont étudiés, en particulier, les soulèvements nationaux des années 50 et 60 (par exemple extraits de reportages radiophoniques sur le soulèvement hongrois de 1956 dans D 1, p. 145), ainsi que les mouvements ayant conduit à la perestroïka (D 2,

p. 208-215), avec un éclairage sur les événements survenus dans différents pays tels que Tchécoslovaquie, Pologne, Hongrie. Après la publication des recommandations germano-polonaises pour les manuels scolaires (qui ont suscité un débat public général), les relations entre Pologne et Allemagne ont fait l'objet d'une étude plus approfondie, tout au moins dans les manuels utilisés en République fédérale. Depuis, la Pologne est considérée comme un pays précurseur du mouvement en faveur de la démocratie en Europe de l'Est. Manuels allemands et français voient dans l'organisation Solidarność une force instigatrice dans la transformation du rôle (passif/actif) joué par la Pologne dans ce changement. Parallèlement, ils précisent que rien ne garantit que les réformes politiques et économiques adoptées par les anciens Etats socialistes seront couronnées de succès. La situation demeure précaire[1].

Pour caractériser les changements survenus en Europe de l'Est, le manuel allemand D 2 recourt à des mots faciles à mémoriser. En Hongrie, la révolution est «tranquille», en Tchécoslovaquie «douce», en Roumanie «sanglante» et, en Yougoslavie, il s'agit d'une «guerre». Mais comment le processus de démocratisation se rattache-t-il à l'Europe? Au lieu de s'unir, l'Europe semble se diviser en régions et en Etats autonomes. Le manuel D 2 (p. 215) donne une explication compliquée des contradictions entre aspirations ethniques nationales et désir d'intégration européenne. Il cite l'écrivain hongrois Györgi Konrad:

> «En ce moment, l'Europe de l'Est s'éloigne de l'intégration européenne, et pourtant, chacun continue de proclamer que c'est son objectif – situation paradoxale. En fait, nous assistons à la désintégration de l'Europe, avec des Etats et des régions qui ne cessent de se rétrécir.»

Que le programme l'exige ou non, la plupart des livres d'histoire analysés couvrent les changements historiques mondiaux survenus au tournant des années 80 et 90. Ainsi font-ils déjà partie de l'histoire. Ils ont créé de nouveaux paramètres pour l'évolution de la situation politique et économique actuelle en Europe. Certains auteurs tentent d'esquisser les possibles développements qui pourraient dominer le 21e siècle; d'autres se contentent de conclure par un compte rendu réaliste sur la désintégration des systèmes socialistes et sur l'établissement ou le rétablissement des Etats dans le territoire de l'ex-Union soviétique. Les manuels hongrois, par exemple, se terminent sur l'année 1990, mais non sans avoir déterminé la position de la Hongrie dans une Europe élargie.

---

1. Berit Pleitner, «Europa – die Unitas multiplex. Zur europäischen Identität am Beispiel der Wahrnehmung Polens in deutschen und französischen Schulgeschichtsbüchern», dans *Internationale Schulbuchforschung/Recherche internationale sur les manuels scolaires*, 1998, vol. 20, pp. 19-34.

Un manuel russe (RUS 2) interprète l'effondrement du système communiste comme un retour à une communauté plus primaire:

> «L'effondrement des régimes totalitaires en Europe de l'Est a créé une nouvelle situation: la civilisation européenne a été réunifiée selon un système démocratique libéral et une économie à orientation sociale.» (p. 256)

Deux autres manuels russes (RUS 1 et 4) recourent à des arguments similaires. A la lumière de cette adhésion sans équivoque à l'unité et à la démocratie en Europe, rien d'étonnant donc à ce que les manuels russes se montrent très critiques à l'égard du socialisme. Ainsi, l'un d'entre eux (RUS 1) intitule un chapitre consacré à la période post-1945 «Socialisme totalitaire à l'Est».

Comment les élèves peuvent-il s'y retrouver dans la «maison européenne»? Perspectives de la nouvelle Europe, choc des traditions, nouvelles attentes – particulièrement présentes chez les jeunes –, autant de thèmes rarement abordés dans les manuels; pourtant, la jeune génération a bel et bien une opinion à ce sujet (D 2, p. 246-247). Les dessins dans ce livre ont été réalisés par les élèves d'un cours d'histoire. Ils se prêtent particulièrement bien à la discussion sur les préjugés entretenus contre certaines populations ou certains Etats en Europe. Comme les caricatures qui suivent, ils ne représentent pas un point de vue définitif mais sont là pour inciter chacun à former sa propre opinion. Naturellement, ce type de méthode n'est pas exempte de risques. Les préjugés peuvent jouer un rôle central dans la discussion menée en classe et, partant, empêcher tout jugement rationnel. Dans les manuels des pays et des sociétés à tradition démocratique (tout au moins depuis 1945), on rencontre souvent ce type d'illustrations ou de documents qui, parfois, sont très provocateurs. L'Europe est-elle une forteresse, essayant à tout prix d'écarter tous ceux qu'elle juge inadéquats? Ou s'écroulera-t-elle comme un château de cartes au premier défi venu de l'extérieur? Le manuel allemand abonde en documents conçus pour favoriser la discussion, mais évite d'apporter des réponses toutes faites qui pourraient être mémorisées et testées. Les conclusions sont à tirer pendant le cours; elles ne figurent pas dans le livre.

Bon nombre de manuels traitent aussi des obstacles à l'intégration. S'intéressant particulièrement à ce problème, un ouvrage italien (I 1) intitule l'un de ses chapitres «La difficile route vers l'unité européenne». Les manuels hollandais sont remarquables en ce qu'ils abordent les deux côtés du débat: les Etats membres doivent-ils conserver leur indépendance et refuser de laisser le Parlement européen supplanter leurs propres parlements? Ou la Commission européenne de Bruxelles doit-elle progressivement endosser le rôle de gouvernement supranational, uniquement responsable devant Strasbourg en tant qu'organe législatif démocratiquement élu pour l'Europe? (NL 4, p. 241) En Norvège, les manuels commentent les avantages et inconvénients de l'intégration européenne, mais le message est positif si l'on en croit ce titre: «L'Europe sur la voie de l'unité» (N 4).

Le manuel grec GR 1 (p. 376) donne un bref compte rendu factuel sur la manière dont la CEE s'est développée. La décision de la Grèce d'adhérer à l'Europe est présentée comme «un succès historique». L'objectif de la coopération européenne est décrit ainsi:

> «Unie, l'Europe peut assurer le progrès économique et social des Etats membres et continuer d'améliorer leur niveau de vie. L'objectif final est de consolider et de maintenir la paix et la liberté pour tous les individus.»

Dans le manuel allemand D 2, édition de 1996 (p. 163), c'est l'occasion de définir le monde occidental:

> «[Sa solidarité] repose sur des fondations économiques, politiques et culturelles communes; c'est pourquoi nous parlons d'une «civilisation occidentale». Elle s'appuie sur les principes de libre démocratie et d'économie de marché, mais englobe aussi la planification des conditions de vie qui détermineront la consommation de masse, la richesse et la communication de haute technologie à travers la liberté de l'individu. L'Europe et l'Amérique constituent aujourd'hui le monde occidental, et ce malgré leurs différences.»

C'est ce genre de critère qui déterminera si un pays peut être classé comme européen, dans un sens culturel plutôt que géographique. Ainsi, ce qui apparaît comme une description de l'état des choses est, en fait, une sorte de modèle qui définit une norme politique et morale. L'Europe devient arbitre pour toutes les questions relatives aux problèmes éthiques et elle représente bien davantage que les Etats individuels, même si certains peuvent incarner cet «idéal». A ce niveau, le concept d'Europe englobe une forme bien précise de la manière dont les gens de différents pays peuvent vivre ensemble; en d'autres termes, il est l'incarnation d'une «société civile». Dans un même temps, il inclut la philosophie politique commune partagée par les «Etats européens», telle que la volonté d'adhérer aux réformes démocratiques et de favoriser le débat public. Par conséquent, le terme «Europe» peut aussi servir à exclure un certain nombre d'Etats dont la situation géographique pourrait justifier l'adhésion, mais dont la constitution n'est pas conforme à la définition morale et éthique aujourd'hui associée à ce concept.

Point de pareil enthousiasme dans les manuels anglais, qui assignent à la conception moderne de l'Europe une double acception: l'Europe continentale et l'Europe incluant la Grande-Bretagne. L'accent est clairement mis sur la période qui précède 1945 et sur l'ordre de l'immédiat après-guerre. Les Nations Unies tiennent à peu près la même place que les institutions européennes. Selon le point de vue britannique, il faut avant tout de la patience pour comprendre le processus de l'unité. Partisans actifs du processus d'intégration, racines historiques et objectifs, tous ces sujets sont à peine mentionnés. Voici un exemple extrême de cette attitude (GB 3, p. 95):

> «Changements politiques – Europe: l'Europe évolue lentement vers l'union. Les pays membres de l'Union européenne se demandent s'il faut une monnaie unique et, finalement, un parlement unique à Bruxelles [adieu, Strasbourg]. Tous ces changements auraient été impensables il y a seulement quelques années – et pourtant, ils ont eu lieu. Quoi que nous réserve demain, beaucoup d'efforts et de tolérance seront nécessaires pour faire face aux changements à venir et pour assurer la sécurité de la planète.»

Un manuel allemand (D 1, p. 249) déclare qu'à l'Ouest il nous faut réexaminer notre idée de l'Europe, car «l'Europe de l'Est se tient à notre porte». L'Ouest doit s'ouvrir à l'Est – point de vue principalement défendu par les manuels des anciens Etats socialistes. Diverses options sont étudiées («Expansion et/ou augmentation», D 1, p. 249). Sont décrites les espérances et les déceptions de la population «qui se débat pour trouver la bonne voie» (D 1, p. 249). Le contrôle encore insuffisant des institutions européennes fait l'objet, en particulier, de commentaires critiques (D 2, p. 243: «Faut-il attribuer cette "fatigue européenne" au manque de pouvoir du Parlement européen?»).

Dans les pays d'Europe centrale, les manuels recourent à des termes spécifiques pour distinguer les différentes régions de l'Europe. Se situer au milieu, entre Est et Ouest, semble générer un besoin de clairement définir sa position au sein de l'Europe. Ainsi, les livres d'histoire hongrois parlent de l'Europe du Nord, du Sud, de l'Ouest, de l'Est, du Sud-Est, centrale et centrale de l'Est, mais seules les trois premières régions sont plus ou moins bien définies. Souvent, telle ou telle région sous-entend non seulement une position géographique mais aussi socioculturelle. L'Europe du Nord est identifiée aux Etats sociaux-démocrates très développés, situation réalisée dès l'entre-deux-guerres, à une époque où dictatures et régimes autoritaires sont arrivés au pouvoir dans beaucoup d'autres pays européens (H 1, p. 30); étonnamment, les manuels albanais aussi évoquent les pays nordiques de l'entre-deux-guerres de la même manière. L'Europe de l'Est apparaît en général associée à l'Union soviétique ou à son territoire, si bien que pour évoquer la période de la guerre froide le terme «Europe de l'Est» peut représenter tout le bloc de l'Est, alors que pour traiter de l'entre-deux-guerres et de la période postérieure à la perestroïka, il ne se réfère habituellement qu'à l'Union soviétique/Fédération de Russie (et à la Communauté d'Etats indépendants). Par ailleurs, les auteurs font aussi un distinguo entre «Europe de l'Est, centrale et centrale de l'Est». Toutefois, comme en témoignent quelques exemples relevés dans les manuels hongrois, ces termes ne sont pas employés avec rigueur ni cohérence[1].

Le fossé culturel que la période de domination soviétique a creusé pour les pays de l'Europe centrale est décrit à travers la citation de l'auteur hongrois Mátyás Helméczy dans H 3 (p. 140):

> «Au printemps 1949, notre pays fut transformé en un Etat à parti unique conformément au modèle soviétique. Il fut arraché aux pays appartenant à l'Ouest et à une tradition plus que millénaire, et contraint de rejoindre l'Est. Ce fut un changement fondamental dans notre situation. Nous avions toujours appartenu à la zone centrale des trois régions européennes. En matière de culture, de religion, de structure sociale et de système économique, nos frontières avaient toujours été fluides à l'ouest mais très rigides à l'est. Aujourd'hui, c'est l'inverse.»

Selon M. Helméczy, cette zone historiquement reconnue et nommée «Europe centrale de l'Est» se situe dans une «région couvrant près de 1,5 million de kilomètres carrés et délimitée par la mer Baltique et la Méditerranée, l'Allemagne et la Russie, l'Empire des Habsbourg et la Turquie». (H 3, p. 14)

Avant d'être contraints de s'intégrer au bloc de l'Est, les Etats baltes et la République tchèque, à l'instar de la Hongrie, se voyaient comme appartenant à une région centrale de l'Europe, à mi-chemin entre Est et Ouest pour ainsi dire. Au cours de l'ère communiste, ils ont été arrachés à l'Europe, puis ont appartenu à l'«Est» pour, aujourd'hui, soit «adhérer à l'Europe», soit «revenir à l'Europe».

Malgré le fameux slogan «L'unité dans la diversité», l'idée d'une «Europe unifiée composée de régions» est à peine abordée dans les manuels. L'Europe de l'Ouest est le centre de l'action; c'est le point de référence autour duquel tourne le texte. L'Europe de l'Ouest a déjà (en 1919 et 1945) réussi à renaître de ses cendres (H 1, p. 265-266); aujourd'hui, elle représente le troisième grand centre de commerce mondial après le Japon et les Etats-Unis (H 1, p. 259); elle se caractérise par une économie de marché prospère et s'apprête à aborder la deuxième révolution scientifique et technologique (H 3, p. 153).

---

1. Les phrases suivantes illustrent les incohérences dans l'usage des termes: «Dans l'entre-deux-guerres [l'Europe centrale et orientale] prit de plus en plus de retard sur l'Europe occidentale.» (H 1, p. 22) «En Europe de l'Est, le «modèle stalinien» fut mis en application.» (H 1, p. 284) «Dans les pays opprimés de l'Europe centrale, les premiers signes de crise pouvaient se discerner.» (H 1, p. 287) «La dictature fondée sur un système à parti unique et le régime de l'Union soviétique en Europe centrale et orientale se trouvèrent menacés.» (H 1, p. 88) «A partir du milieu des années 60, l'Europe de l'Est connut une période plus calme et plus harmonieuse.» (H 1, p. 288) «Dans les années 70 et 80, le développement économique des pays de l'Europe de l'Est amorça un retard.» (H 1, p. 290) «La politique de Gorbatchev ne fit pas que réformer l'Union soviétique; elle déclencha aussi des révolutions en Europe centrale et orientale.» (H 1, p. 291) Mais: «Gorbatchev changea la politique étrangère de l'Union soviétique et "abandonna" progressivement l'Europe de l'Est.» (H 1, p. 339)

Le terme «Europe» est associé à la démocratie, à la richesse, à un système fiscal équitable, à un système parlementaire et à une alternance de gouvernements démocratiques (H 3, p. 38-39). Ces qualités viennent renforcer la conviction des élèves que, malgré une multitude de problèmes à résoudre – protection de l'environnement, chômage, terrorisme ou sida –, l'Europe de l'Ouest peut raisonnablement espérer une évolution dynamique (H 1, p. 270). Les efforts en faveur de l'intégration à l'Europe se justifient donc pleinement.

Même lorsqu'il examine la tension entre unité et diversité, le manuel hongrois H 1 (p. 268-270) aboutit à la conclusion que cette harmonie des contrastes s'applique seulement à l'Europe de l'Ouest (une Europe de l'Ouest heureuse, aurait-on envie d'ajouter); quant aux différences entre Europe de l'Ouest et de l'Est, elles doivent être surmontées au plus tôt. Mais peut-être l'Est désire-t-il suivre sa propre (unique) voie vers l'intégration, à l'instar de beaucoup de pays de l'Ouest qui ne sont venus adhérer à la Communauté européenne ou à l'Union européenne que très lentement? La question n'est jamais véritablement posée. Même aujourd'hui, l'Union européenne est encore divisée en sous-groupes qui n'englobent pas tous les pays – comme dans le cas de l'union monétaire. Il n'empêche qu'à l'Est comme à l'Ouest on est unanimes sur ce point: c'est à l'Est de rattraper les normes «occidentales».

L'un des manuels italiens (I 4, pp. 342-362) contient un chapitre particulièrement complet sur les aspects de l'intégration européenne, de l'unité et de la diversité. Par instants, le langage employé dépasse le ton sobre et neutre qui caractérise d'ordinaire ce type de descriptions:

> «Les Etats membres de l'Union européenne présentent de grandes différences, pas seulement par leurs dimensions géographiques mais aussi par leur importance politique et économique: chaque Etat a sa propre histoire; chaque nation a ses propres caractéristiques, coutumes et modes de vie, qui varient largement de l'une à l'autre. Pourtant, au sein de l'Union européenne, chaque pays jouit du même statut. Cette égalité se voit sur le drapeau européen, où toutes les étoiles sont de taille égale.»

Le manuel continue en affirmant qu'après les horreurs des deux guerres mondiales, les citoyens de l'Europe sont foncièrement déterminés à préserver la paix.

Un manuel allemand (D 1, p. 242), qui aborde de manière très originale des questions concernant l'avenir, est le seul à inclure une date future dans l'ensemble de la période:

> «1999: une monnaie commune (euro) va être introduite dans tous les pays de l'Union européenne qui remplissent certaines conditions économiques.»

Dans son édition de 1992, le manuel allemand D 4 faisait, dans son chapitre final, une comparaison originale de la vie quotidienne des jeunes dans les pays industrialisés et dans les pays en voie de développement. Malheureusement, cette section a disparu de la dernière édition de 1997. Les auteurs ont dû inclure un nouveau chapitre sur «Le monde après l'effondrement du communisme». Manifestement, pour ne pas ajouter trop de pages, ils ont préféré supprimer le chapitre sur le mode de vie des jeunes vivant à une même époque mais selon un rythme de développement différent. C'était l'un des rares exemples d'analyse socioculturelle vue sous un angle historique. Si les manuels scolaires changent, ce n'est pas toujours dans le bon sens.

L'Europe: une idée et un concept

Dans cette section, nous allons examiner la façon dont les livres d'histoire ont pris acte des changements intervenus depuis les années 1989-1990. Transmettent-ils un nouveau concept de l'Europe? – Autrement dit, incluent-ils l'Europe de l'Est? Jusqu'à présent, à l'Ouest comme à l'Est, les manuels avaient tendance à véhiculer une définition de l'Europe essentiellement fondée sur des conceptions européennes occidentales. Cette situation est apparue clairement à l'analyse quantitative, qui a révélé que des pays tels que l'Allemagne, la Grande-Bretagne et la France étaient surreprésentés. Cette tendance peut-elle se modifier?

L'analyse réalisée, en 1995, par l'Institut Georg-Eckert, montrait déjà que certains des manuels italiens étaient ceux qui manifestaient le plus d'enthousiasme pour l'Europe, tout en abordant des dimensions politiques et philosophiques. Cela s'est confirmé. Le manuel I 5 (p. 7) nous dit:

> «l'idée d'unité européenne est ancienne; elle remonte au temps de Charles le Grand et de son Saint Empire romain».

Après les deux guerres mondiales, suscitée par l'encouragement à l'unité entre les peuples, l'idée de pays unis s'est perpétuée. Les textes se terminent par cette recommandation aux élèves:

> «L'idée de l'unité européenne est d'une extrême importance et constitue une élément fondamental de l'histoire contemporaine. Nous vous recommandons de suivre l'évolution de cette idée car elle est le point central de nos espoirs.»

Même approche dans un manuel allemand qui, dans sa première édition de 1992, posait déjà la question justifiée mais rarement formulée: «L'Europe: plus qu'un simple terme géographique?» (D 4, 1992, p. 120). La nouvelle édition pose les questions suivantes: «L'Europe: sur la voie d'un Etat fédéral?» et «Qu'est-ce que l'Europe?» (D 4, p. 141). Questions auxquelles répondent seulement d'autres questions:

> «Il n'est pas facile de décrire ce continent, même géographiquement. Sur la carte, l'Europe ressemble à un appendice ajouté au gigantesque continent asiatique. Au nord, à l'ouest et au sud, la mer délimite ses frontières; mais

> à l'est, jusqu'où va-t-il? Jusqu'au Don, aux montagnes de l'Oural ou encore plus loin?
>
> L'histoire ne fournit pas non plus de réponse claire: l'Europe est-elle définie historiquement par les frontières de l'Empire de Charles le Grand, par celles de la chrétienté ou par la sphère d'influence des droits de l'homme et des idées nées au siècle des Lumières?»

Du point de vue politique, l'Europe a été conçue, jusqu'à l'effondrement du bloc de l'Est, comme l'unification européenne des Etats démocratiques occidentaux. Aujourd'hui, alors que le système soviétique s'est effondré, la même question s'impose: Qu'est-ce que l'Europe? Comment l'intégration européenne doit-elle se faire? L'Europe est-elle en passe de devenir un Etat fédéral? La question revient dans l'un des sous-chapitres ci-dessous. Aujourd'hui, les auteurs creusent un peu plus l'«idée» d'Europe. Tout ce qui est dit dans les autres manuels sur le Moyen Age est ici répété et, dans un même temps, relié au présent:

- Charles le Grand: «le père de l'Europe»;
- la tradition chrétienne en tant que fondation commune («en tant qu'Occident chrétien, l'Europe se défendit contre l'avancée des Musulmans, et la Russie participa à cette défense»);
- les périodes gothique et baroque en tant que patrimoine culturel;
- l'enseignement et les droits de l'homme: des valeurs fondamentales;
- l'industrialisation en tant que moteur économique;
- l'impérialisme et le nationalisme: des dangers pour l'unité.

De manière exemplaire, on montre ici comment la définition de l'unité génère aussi un critère d'exclusion, qui va même jusqu'à désigner l'ennemi commun (les Musulmans, par exemple).

Dans les pays qui ont acquis ou recouvré leur souveraineté, les auteurs ont du mal à convaincre le jeune lecteur qu'il appartient désormais à l'Europe. Le manuel croate HR 2 (p. 192) essaie de promouvoir cette identité européenne en employant l'expression «nous, en tant que pays de tradition européenne». Selon ces auteurs, les élections de 1990 ont assuré «l'intégration incontestable et durable de la Croatie dans la civilisation européenne occidentale, ce qui a toujours été la juste position de la Croatie dans le monde» (HR 1, p. 143), car la Croatie est «un vieux pays européen qui a toujours épousé la foi catholique» (HR 2, p. 192). Avec les tout récents conflits qui déchirent cette région, les auteurs de Bosnie-Herzégovine (et, encore plus, ceux de Serbie) ont adopté une position plus critique vis-à-vis de l'Europe: les Bosniaques ont le sentiment que les politiques de l'Union européenne ont été un «échec», les Serbes y voient une «traîtrise». Malgré toutes ces critiques, on devine un intérêt indubitable (même dans les manuels serbes, du moins avant le conflit du Kosovo) pour le processus d'intégration européenne et un désir d'y participer.

Mais cette attitude parfois ambivalente à l'égard de l'Europe se révélera peut-être l'un des points forts des futurs manuels produits par l'Europe du Sud-Est. Nous l'avons montré, les derniers livres publiés par la Bosnie-Herzégovine et par la Croatie sembleraient justifier ce point de vue. Cette approche, que l'on pourrait qualifier de «perspective balkanique», pourrait encourager les auteurs à moins se polariser sur la dépendance vis-à-vis de la politique du pouvoir européen, et à faire ressortir les particularismes de la région. Jusqu'à présent, ils privilégient le rôle des pays d'envergure au détriment de la diversité résultant des cultures différentes (parfois contradictoires) dans les Etats et les régions plus modestes. La culture islamique est traitée dans les manuels bosniaques, qui proposent aussi une approche remarquablement européenne des événements les plus marquants du 19e siècle – période qui n'entre pas dans notre étude. Cette approche pourrait être reprise et appliquée avec succès à une interprétation de l'histoire du 20e siècle. Une nouvelle série de livres d'histoire a d'ailleurs déjà œuvré dans ce sens, mais le volume consacré au 20e siècle n'est hélas pas encore disponible. Essentiellement préoccupés par les problèmes d'indépendance au 20e siècle, les manuels oublient souvent les questions politiques, industrielles et culturelles inscrites dans un contexte européen plus large. L'Europe n'offre d'intérêt que lorsqu'elle influe sur le cours de l'histoire nationale. A en croire les auteurs, l'interprétation des affaires internationales doit d'abord passer par une compréhension de l'histoire nationale; mais, en réalité, cette démarche ne permet pas aux élèves de comprendre les problèmes liés aux Etats-nations et à l'intégration européenne.

Parce que les livres d'histoire des pays balkaniques examinent les conflits entre les pays de la région comme le font les manuels de l'Europe de l'Ouest, ils ont tendance à renforcer les idées stéréotypées au lieu de les réfuter et d'offrir une image plus exacte du climat politico-culturel qui règne dans la région.

Dans son introduction à l'analyse des manuels d'histoire publiés dans les Balkans, Tzvetan Tzvetanski conclut:

> «Dans mon étude des manuels scolaires traitant de l'histoire des Balkans, j'aimerais aussi parler de l'équilibre entre notre histoire et l'histoire du monde. A l'exception des manuels macédoniens, l'histoire nationale n'est généralement pas considérée comme spécifiquement balkanique ni traitée comme telle. Une certaine distanciation vis-à-vis de notre appartenance balkanique se traduit [...] à travers une relative indifférence à l'égard des points essentiels de nos relations mutuelles – liens culturels et influences mutuelles, coopération balkanique, traits communs et différents dans la structure étatique. Cette attitude est mue par une volonté de souligner le

> rôle culturel spécifique qu'a joué le pays concerné dans un contexte civilisationnel plus large [...] pour l'histoire de l'Europe de l'Ouest[1].»

Tous les manuels de la région des Balkans sont unanimes: leur Etat fait partie de l'Europe. Rappelons, cependant, deux points: même si les livres d'histoire de «style occidental» aujourd'hui en usage identifient habituellement l'Est avec la Fédération de Russie et considèrent encore les Balkans essentiellement comme une région politiquement instable, ces manuels pourraient bien être les premiers à rejeter ce genre d'idées stéréotypées sur l'Europe du Sud-Est. Mais rien de tout cela ne se produira tant que la mentalité des auteurs ne changera pas; les petits Etats européens semblent souvent souffrir d'un complexe d'infériorité vis-à-vis des pays plus grands, toujours dépeints comme la force qui domine la politique européenne et, donc, responsables de ce qui arrive. Il faudra que naisse une réflexion plus critique sur le rôle des petits Etats au sein d'une Europe élargie.

L'Europe moderne est le produit des guerres et de l'autodestruction. Plusieurs manuels proposent des solutions pacifiques aux conflits, qui devront se combiner avec l'idée de l'Europe.

Le manuel allemand D 5 (p. 335) dresse un bilan franchement positif sur le mouvement vers l'unité européenne, laissant l'histoire parler d'elle-même:

> «La réponse de l'histoire est la paix qui a fait taire les armes depuis deux générations ("paix négative"). Liberté, sécurité, richesse matérielle, possibilités de développement personnel, un partenariat européen doublé d'une amitié franco-germanique après d'aussi terribles guerres ("paix positive"). Cinquante ans après la fin de la seconde guerre mondiale, l'intégration européenne a fait d'immenses progrès[2].»

En Russie également, la majorité des manuels se montrent positifs sur les perspectives d'avenir de l'Europe. Ils épousent même une théorie générale de progrès et de modernisation. En voici un exemple (RUS 2, p. 6):

> «L'histoire nous a montré que le socialisme n'est pas une alternative viable à la démocratie libérale. La plupart des anciens Etats socialistes ainsi que beaucoup d'autres constitués selon le modèle socialiste ont compris que la forme européenne de capitalisme est l'unique moyen de moderniser la société. Cette prise de conscience a entraîné le rétablissement d'une unité générale à la fin du 20e siècle.»

---

1. Tzvetan Tzvetanski, «The textbooks of history: "we" and "the others"» (Manuels de l'enseignement de l'histoire: «Nous» et «les autres», dans *The image of the other, op.cit.*, p. 9.
2. Cette citation provient d'un chapitre consacré au thème de la guerre et de la paix, dans une étude diachronique qui va de l'histoire ancienne à nos jours. Ce chapitre se retrouve dans d'autres manuels allemands, car il figure au programme de l'un des Etats fédéraux. Etonnamment, c'est le seul qui traite abondamment de l'Europe dans ce manuel.

Le manuel poursuit en déclarant que la société sera modernisée:

> «dans le cadre de la démocratie [...] en accordant l'importance qui convient aux droits et aux libertés de chaque individu. C'est pourquoi, à la fin du 20ᵉ siècle, la lutte pour la liberté individuelle et le rejet de toute forme de despotisme ont pris une telle ampleur. [...] Grâce à leurs expériences variées, les êtres humains des différents pays et continents peuvent se forger peu à peu des valeurs valables pour tous et adoptables par l'humanité entière. Notre siècle se caractérise par une tendance à la mondialisation, à la compréhension internationale et à l'intégration, tendance qui nous permet de saisir à la fois l'unité et la diversité du monde.»

L'expression «civilisation européenne» est régulièrement employée dans deux manuels russes (RUS 1 et RUS 2). Ils semblent diviser le monde en sphères de civilisation appelées à se développer différemment. Manifestement, le terme «civilisation» vient se substituer à «formations sociales», terme dérivé des efforts du matérialisme historique pour expliquer la genèse des sociétés. Le premier de ces ouvrages (RUS 1, p. 15) déclare que, pour les Européens, «l'être humain individuel était l'essence» (p. 17), alors que les autres civilisations s'intéressaient plus «au rôle et à la position de l'être humain dans l'organisation de la société[1]». Se référant à la décolonisation, le livre maintient qu'il existe des «groupes de civilisations» qui demeurent stables (p. 258):

> «De vastes régions du monde étaient dominées par certaines cultures et civilisations qui résistèrent à l'influence de l'Europe. Quatre de ces groupes existent en Asie et en Afrique: le groupe chinois-confucianiste (Chine, Japon, Viêt-nam, Corée, Taïwan, Hong Kong, Singapour); le groupe indo-bouddhiste-musulman (Inde, Pakistan, Asie du Sud-Est); le groupe arabo-musulman (Afghanistan, Irak, Iran, Etats du Maghreb); le groupe de l'Afrique centrale et méridionale (une myriade d'Etats, de tribus et d'alliances militaires qu'il n'est pas possible de définir exactement).»

Le concept de Huntington sur le «choc des civilisations» aurait-il trouvé de nouveaux adeptes parmi les auteurs de livres d'histoire russes?

---

1. «L'une des caractéristiques de la civilisation européenne est de reconnaître à chaque individu certains droits, en particulier le droit à la propriété [...] [La révolution industrielle] a permis à l'Europe de s'affranchir économiquement du reste du monde et de devenir la puissance militaire dominante [...] L'hégémonie de l'Europe a signifié pour le reste du monde un changement radical; en un sens, le monde s'est unifié. Les autres civilisations (Inde, Chine et monde islamique, par exemple) ne pouvaient plus exister dans l'isolement. Toutes devaient désormais entrer en contact avec les Européens.» Ce genre d'argument se retrouve dans le manuel RUS 2 (p. 5).

IV. Conclusions et recommandations

L'histoire des pays individuels, toujours privilégiée dans la présentation de l'histoire contemporaine, est intégrée dans un contexte général, d'ailleurs principalement européen. Les étapes de la construction européenne au cours du siècle sont prises en compte, bien qu'assez peu explicitement. Les principaux événements ayant eu une incidence durable sur les Etats individuels ou sur l'Europe sont, dans l'ensemble, mentionnés. Tous les manuels analysés ne se contentent pas de fournir des connaissances, mais s'efforcent aussi de développer une compétence de compréhension et d'analyse historique – même si les méthodes employées pour atteindre cet objectif varient considérablement. Un manuel scolaire doit être considéré dans le contexte pédagogique de chaque pays. C'est pourquoi il serait vain de faire des recommandations détaillées quant à la présentation de la dimension européenne dans un livre d'histoire. D'une part, il convient de l'adapter aux besoins spécifiques des élèves, aux exigences des programmes et aux structures du marché. D'autre part, la variété et l'ampleur des thèmes traités et des compétences à développer sont telles que la meilleure recommandation serait celle-ci: sélectionner, parmi les exemples proposés dans les analyses, ce qui peut combler une lacune ou convenir à l'environnement pédagogique, très variable d'un pays à l'autre. Il n'est guère possible d'identifier un problème spécifique – omissions ou distorsions, approches partisanes – qui s'appliquerait à tous les ouvrages examinés. Ce qui fait totalement défaut dans un manuel est traité à grand renfort de détails dans un autre. Or, combiner tous les facteurs positifs reste impossible. Le résultat serait un manuel touffu, sans organisation claire, indigeste pour n'importe quel jeune lecteur.

Dans bon nombre de pays, le programme d'histoire continuera de suivre un modèle chronologique. Beaucoup d'enseignants estiment que cette structure clairement définie convient mieux à l'élève, car elle lui permet de mémoriser des thèmes et des événements importants selon un système qui lui est familier. Néanmoins, dans les séminaires pour enseignants organisés par le Conseil de l'Europe, le modèle chronologique est aujourd'hui sérieusement critiqué: «La plupart des groupes ont convenu que l'enseignement chronologique de l'histoire du 20e siècle était peu réaliste en classe. Il est impossible de tout enseigner et d'étudier chaque thème de manière approfondie. Au lieu de quoi trois moments décisifs dans l'Europe du 20e siècle ont été identifiés comme étant des pivots autour desquels de multiples événements peuvent être enseignés dans un contexte national, européen ou mondial. Il s'agit des années 1917, 1945 et 1989.»

De toute évidence, nous ne pouvons pas nous polariser uniquement sur ces moments charnières. Reste que cette approche permet d'imposer une manière d'ordre aux multiples éléments qui ont caractérisé l'histoire du 20e siècle. D'un point de vue méthodologique, cette démarche permet, dans un premier temps, d'étudier l'importance mondiale d'événements spécifiques avant d'en examiner de plus près l'influence sur les questions nationales ou régionales. Cette approche suppose que l'histoire ne soit plus une discipline uniquement préoccupée de l'histoire nationale. Désormais, l'accent est mis sur les événements et les aspects qui ont pris une importance supranationale ou internationale.

Il ne fait aucun doute que «l'on enseigne énormément de choses, de tous les points de vue, sur l'histoire des grandes puissances, mais quant à l'histoire des Etats plus petits et de moindre influence en Europe, c'est l'ignorance qui prévaut. Cette ignorance, il faut y remédier dans nos universités et dans nos écoles». Toutefois, nous savons tous que l'histoire, en tant que discipline scolaire, ne peut être exhaustive. Seul le temps peut nous dire ce qui doit et ne doit pas être enseigné, si bien qu'il faut fixer des priorités. Quoi qu'il en soit, il y a de bonnes raisons pour préconiser les points suivants: examiner plus attentivement certains phénomènes politiques et économiques (art et vie quotidienne, par exemple) qui, au sein de l'Europe, ont influencé les Etats européens plus petits et «moins importants»; mieux observer la façon dont ces petits Etats voisins ont contribué à l'évolution politique; adopter une approche interdisciplinaire, car, en règle générale (des études l'ont prouvé), les manuels de géographie apportent plus d'informations sur les questions d'actualité que ne le font les manuels d'histoire.

Il est peut-être un problème auquel tous les auteurs de manuels d'histoire sont confrontés lorsqu'ils abordent le thème de la «nouvelle» Europe élargie. Il existe des organisations mixtes, une foule d'activités communes et aussi une certaine idée qui veut que les peuples de l'Europe se rapprochent peu à peu. C'est la perspective immanente sur le développement européen qui est présentée dans presque tous les manuels. C'est ce que nous avons «appris» de l'expérience des guerres, de la lutte menée à l'intérieur de l'Europe. C'est le nouveau message, plus ou moins ouvertement exprimé, qui découle de l'effondrement du système communiste. Pourtant, l'histoire ne vient pas vraiment étayer ce point de vue. Le rythme des événements, le rôle de la tradition, la tendance à la modernisation et les contextes culturels varient tellement qu'attentes futures et expérience historique ne coïncident guère. Les définitions de l'Europe telles que présentées, par exemple, dans les manuels italiens ou allemands, paraissent idéalistes; elles ne s'appuient pas sur une réflexion historique. Là où les auteurs, cependant, n'essaient même pas de caractériser les principaux traits de l'Europe, mais se contentent de décrire son développement factuel, l'Europe ne peut pas être conceptualisée.

Certes, ils inculquent peut-être une somme d'informations et de connaissances à l'élève, mais rien n'est fait pour stimuler son aptitude à la compréhension.

Contre toute attente, l'élaboration de nouveaux manuels prend beaucoup plus de temps que prévu, même dans les pays européens occidentaux où le marché du livre scolaire est ouvert, telles la Grande-Bretagne ou l'Allemagne. Dans les premières années qui ont suivi l'effondrement du système communiste, pratiquement tous les pays analysés dans notre étude ont fait face à la nouvelle situation en ajoutant à leurs manuels quelques pages sur les événements de 1989 et après. Pour trouver un texte entièrement refondu, qui pose un éclairage différent sur toute la période depuis 1945, il faut se tourner vers les dernières publications. Qui plus est, les éditeurs doivent attendre l'entrée en vigueur des nouveaux programmes scolaires ou des nouvelles directives officielles avant de reconstruire une maquette. De ce fait, les résultats de la présente étude ne peuvent qu'être provisoires. D'ici deux ans, de nouvelles séries de livres d'histoire seront disponibles, notamment en Allemagne, en France, en Italie et en Lituanie.

Espérons que les recommandations proposées dans la présente étude offriront des indications utiles pour les auteurs de manuels d'histoire et les concepteurs de programmes d'enseignement.

Les livres d'histoire doivent pour le moins commencer à montrer une meilleure compréhension de l'importance de l'Europe à travers l'histoire et de sa signification actuelle dans ses multiples aspects contextuels. Cette démarche ne devrait pas entraîner de grosses dépenses ni exiger beaucoup plus de place dans le texte.

Les auteurs doivent expliquer plus en détail les différentes façons de se référer à l'Europe et montrer qu'elle représente un concept variable qui évolue au cours de l'histoire, tant dans la définition de ses composantes et dans sa portée que dans la manière dont elle est perçue. Bien que l'intégration européenne soit un produit de la seconde guerre mondiale, elle n'est pas confinée aux conditions historiques qui ont présidé à sa «naissance».

Les manuels doivent (et peuvent) éviter le «flou lexical» qui prévaut dès lors qu'est abordé le thème de l'Europe.

A signaler, d'ailleurs, que ce dernier point a déjà été demandé par le Conseil de l'Europe dans sa publication récapitulative sur l'enseignement de l'histoire et la révision des manuels d'histoire («Contre les stéréotypes et les préjugés», 1986[1]). Certains défauts ont la vie dure.

---

1. «Contre les stéréotypes et les préjugés», recommandations sur l'enseignement de l'histoire et les manuels de l'histoire adoptées lors des conférences et symposiums du Conseil de l'Europe de 1953 à 1983, doc. CC-ED/HIST (95) 3 rév.

Il est absolument essentiel d'indiquer dans quelle mesure les similitudes et les différences européennes sont présentées dans le texte. Dans ce but, les auteurs tiendront compte des points suivants:

- toujours expliquer clairement quel concept de l'Europe est utilisé (par exemple si le terme introduit s'inscrit dans un contexte géographique, politico-économique ou culturel);
- le concept d'Europe change-t-il au fil du temps?
- mieux faire comprendre les liens économiques, politiques et culturels se multipliant entre les Etats européens, lesquels ne se limitent plus aux membres de l'Union européenne;
- pour favoriser une conscience des relations mutuelles européennes, il ne faut pas se contenter d'insérer des questions européennes qui seront traitées çà et là dans de multiples chapitres;
- en consacrant à l'Europe des chapitres ou des sections à part, on aidera les élèves à s'exprimer et à développer des concepts leur permettant de parler de l'Europe et d'échanger des opinions avec des camarades, chez eux ou à l'étranger. Ces chapitres manquent encore ou sont trop rares et sommaires.

Dans bon nombre de manuels, la dimension européenne est uniquement sous-entendue ou présentée comme un concept abstrait; seule une minorité des ouvrages analysés la traite comme une entité distincte dotée de sa propre histoire. Il serait faux de dire que la dimension européenne a été parfaitement intégrée; le terme «Europe» est souvent utilisé mais rarement expliqué et, comme l'indique notre analyse linguistique, il a donné lieu à différentes interprétations. En règle générale, les élèves ne prennent pas la peine de mener cette analyse eux-mêmes; ils ne tiennent tout simplement pas compte des brèves références à un contexte européen élargi qui n'est pas même expliqué, mais seulement indiqué à travers la formule vague «en Europe». Bien souvent, la dimension européenne se traduit par l'expression standard «cette Europe». Dans ces conditions, comment espérer que les élèves se fassent une idée claire sur la manière dont tel ou tel sujet est lié à l'histoire européenne ou dont les frontières géographiques de l'Europe sont définies pendant la période étudiée?

Ce traitement superficiel, fait de courtes références ponctuelles, doit céder la place à des passages ou à des chapitres plus longs, qui étudient de manière explicite et complète l'Europe comme sujet à part entière. Les élèves doivent prendre conscience que l'Europe joue un rôle extrêmement important dans le cours de l'histoire du 20e siècle.

Pour ce faire, il convient de concentrer plutôt que de disséminer les informations pertinentes, ce qui n'aboutira pas automatiquement à un manuel plus long. Dans les cas où l'histoire nationale occupe plus de 50 % de la présentation, il faut absolument modifier la mise en valeur des thèmes. Pas question de réduire la présentation de l'histoire non européenne, souvent déjà réduite au minimum.

Sans remettre en cause l'importance des traditions nationales pour favoriser une conscience historique et une identification avec la vie politique et culturelle d'un Etat, reconnaissons qu'aujourd'hui, dans le contexte européen plus large, il est impossible de promouvoir cette conscience nationale par une approche insulaire qui ne tienne pas compte des autres pays et cultures ou qui, pis encore, exacerbe les rancœurs. Cette idée n'est pas neuve, loin s'en faut; ce fut l'un des principes directeurs appliqués à la révision des manuels scolaires entreprise par la Société des nations après la première guerre mondiale. Hélas, elle a été constamment bafouée par des mouvements nationalistes, au détriment d'une compréhension plus large et plus profonde des relations internationales pacifiques.

Dans le passé, les grandes puissances ont toujours considéré l'Europe comme un théâtre d'affrontement. Aujourd'hui, le processus de coopération au sein de l'Europe s'accélère, favorisant la libre circulation des informations et l'interaction entre les pays. Ce processus représente le contexte idéal pour que chaque Etat étende et développe ses forces économiques et culturelles. Au tournant du siècle, les grandes puissances impérialistes étaient considérées comme l'incarnation essentielle de l'hégémonie européenne. A l'heure actuelle, la stabilité économique et politique, même celle des Etats les plus influents telles la France, l'Allemagne et la Grande-Bretagne, souffrirait de graves contretemps si la coopération européenne venait à échouer. Au cours du 20e siècle, nous avons assisté à un bouleversement crucial des relations entre les organes européens centraux et les Etats individuels.

Peu de manuels ont compris ces nouvelles ramifications qui caractérisent la dimension européenne des différents Etats formant l'Europe. La plupart continuent de se polariser sur l'histoire nationale, décrivant comment tel ou tel pays s'est développé, a gagné puis maintenu son indépendance, et ce sans faire de véritable lien avec les questions européennes. Cette approche est plus ou moins une réitération de l'historiographie telle qu'appliquée à l'étude du 19e siècle.

Alternative: bien ancrer l'histoire nationale dans son contexte européen, afin que l'histoire de l'Europe soit perçue comme une lente évolution qui, partie de tentatives faites par un ou plusieurs Etats pour dominer le continent, a abouti à ce consensus: les relations pacifiques entre les Etats européens sont beaucoup plus bénéfiques. Ainsi le point de vue national se transformera-t-il progressivement en point de vue européen.

Il n'est plus possible de voir l'Europe comme une simple toile de fond sur laquelle se jouent les intérêts nationaux ou la souveraineté nationale. Il faut donc mettre en parallèle l'entier processus de l'intégration européenne et le récit des aspirations nationales à l'indépendance ou à la souveraineté. Cette présentation peut se faire selon de nombreuses manières dans les manuels scolaires.

Les auteurs des manuels doivent développer leur propre concept de l'Europe afin de présenter la dimension européenne comme un produit des événements survenus au cours du 20e siècle. Ils doivent aussi fournir des documents capables de susciter la discussion parmi les élèves.

De toute évidence, chaque manuel s'efforce de présenter une image permettant aux élèves de s'identifier avec leur propre pays et de comprendre ce que tous ont en commun. Identification, sentiment d'appartenance, patriotisme, toutes ces valeurs sont instillées par le récit de l'histoire nationale.

Mais l'Europe dans tout cela? A cet égard, qu'a-t-elle donc à offrir?

Au chapitre III, nous avons essayé d'apporter aux auteurs des solutions possibles à cette question en citant des extraits relevés dans des manuels d'histoire qui semblent avoir su résoudre ce problème. L'intention n'est pas de fournir la solution quant au mode de présentation d'une dimension européenne, mais plutôt d'inciter élèves et enseignants à aborder le sujet sous un angle totalement différent.

Pour l'heure, l'Europe apparaît essentiellement dans le texte des auteurs; bien moins dans les tâches à accomplir par les élèves ou dans les illustrations et photos qui complètent le texte. En principe, ces documents complémentaires sont conçus pour permettre aux élèves d'approfondir un sujet ou de mieux s'en imprégner. Les références à la dimension européenne y sont rares, les auteurs jugeant sans doute que le sujet ne mérite pas plus d'attention. Cette attitude doit changer. De plus, souvent, les manuels contiennent beaucoup plus de matériel pédagogique qu'il n'est possible d'en traiter ou d'en retenir, et le professeur a tendance à choisir les thèmes faciles à présenter ou à comprendre, ou relevant d'une catégorie traditionnelle de connaissances. Par comparaison, l'Europe étant un sujet relativement neuf, il demande davantage d'efforts d'organisation et de présentation pour réussir à intéresser et à motiver élèves et enseignants.

La dimension européenne doit être intégrée à tous les supports qui accompagnent le manuel scolaire.

D'après l'analyse quantitative de l'espace alloué à la dimension européenne, il n'est pas facile de se faire une idée claire de l'importance du sujet dans le cours d'histoire. Pour parfaitement intégrer le sujet au reste du cours, c'est la qualité de la présentation qui prime avant tout.

L'Europe ne représente pas seulement des questions politiques, des associations économiques, de grands conglomérats ou des innovations technologiques. Dans l'ensemble, ces aspects sont suffisamment couverts dans beaucoup de manuels.

L'Europe, c'est aussi une partie de la vie quotidienne des élèves.

L'influence européenne et mondiale pèse fortement sur ce que les jeunes peuvent ou veulent consommer dans leur vie de tous les jours, pour leurs loisirs, mais aussi durant le temps passé à l'école. La plupart des livres d'histoire ont tendance à ignorer les jeunes et leur histoire, les conditions variées de leur développement, et le fait que, d'un bout à l'autre du continent, leurs modes de vie et leurs attentes pour l'avenir tendent de plus en plus à se rejoindre. Si d'emblée ces aspects nous paraissent être le terrain des sciences sociales, il n'empêche que dans les programmes d'histoire l'histoire sociale et culturelle gagne du terrain. C'est pourquoi il faut aussi intégrer la dimension européenne à cette discipline.

Bien que le thème de l'Europe ne soit plus confiné à une simple présentation des principales institutions, les documents motivants font toujours cruellement défaut, qui sauraient communiquer une impression vivante et directe de ce que l'Europe représente réellement. Certaines tâches peuvent encourager l'élève à exprimer ses propres idées, à donner vie au sujet et à recueillir plus d'informations sur l'Europe dans les livres qu'il utilise (voir l'illustration page 9).

Les cours d'histoire font en général exactement le contraire. Le manuel prescrit ce qui doit être appris et comment les élèves doivent penser. Mais l'histoire européenne du 20e siècle est tellement passionnante et variée qu'elle est pour ainsi dire prédestinée à une approche totalement différente.

Les élèves pourraient commencer par échanger leurs idées et points de vue sur l'Europe, puis chercher dans leur livre d'histoire comment les approfondir ou les modifier. Cette méthode permettra aux élèves d'adopter une position critique vis-à-vis du manuel et de voir par eux-mêmes quels domaines et sujets sont traités de manière inadéquate.

Les histoires nationales sont en général tissées de tragédies, de faits héroïques ou simplement de succès. Avec le thème de l'Europe, auteurs et enseignants risquent beaucoup moins de céder à ces interprétations tranchées.

S'agissant de la période avant 1945, l'accent est mis presque exclusivement sur les crises économiques et politiques qui ont marqué les années 20 et 30. Rares sont les auteurs qui s'aventurent à décrire la mentalité et les sentiments de la population dans les divers pays européens. Des efforts dans ce sens pourraient conduire à présenter des régions habituellement négligées par l'histoire du 20e siècle. Est-il juste d'ignorer les pays scandinaves simplement parce qu'ils ont participé à moins de conflits et d'agressions que tant d'autres Etats? Il serait certainement intéressant d'analyser pourquoi relations pacifiques et coopération ont été choses possibles en Europe avant l'avènement de la Communauté européenne.

Parmi les peuples européens, le développement de la conscience historique diffère considérablement à tel ou tel moment donné. Ce fait est difficile à faire passer dans les manuels de l'enseignement secondaire. A l'heure actuelle, les textes se préoccupent presque exclusivement des conflits entre dictatures et démocraties, insistant sur les conséquences politico-militaires et sur les divers conflits qui ont abouti à la guerre froide. Ce parti pris est particulièrement flagrant dans les manuels destinés aux plus jeunes élèves, étant donné la quantité limitée des documents qu'ils peuvent manipuler. On constate une tendance de plus en plus nette à confronter les 12-14 ans à des images et à des photos impressionnantes de massacres et de guerre. Pourtant, compte tenu des temps d'enseignement moins longs et des manuels plus courts dont dispose les élèves, les auteurs doivent réfléchir plus sérieusement aux critères de sélection, car la présentation et l'explication simplifiées des processus historiques peuvent facilement conduire à une approche partisane qui risque de trop peser sur l'affectivité des jeunes élèves.

Pour les descriptions détaillées de guerres ou de génocides, les auteurs doivent éviter de privilégier les aspects technologiques et militaires.

Favoriser des concepts manichéens du genre ami/ennemi, bien/mal ou victime/coupable n'est guère utile. La plupart du temps, c'est surtout une solution de facilité pour éluder ce difficile problème: expliquer pourquoi des êtres humains sont prêts à commettre des atrocités inhumaines. Il peut s'avérer, par exemple, plus utile d'analyser les multiples étapes et événements qui ont conduit à l'établissement d'une dictature plutôt que de s'attarder en détail sur les crimes qu'elle a produits. Cette approche peut stimuler la discussion sur les moyens d'empêcher de tels régimes d'arriver au pouvoir.

Quant aux thèmes sensibles qui font partie intégrante de l'histoire nationale mais qui ont aussi une dimension européenne, il se prêtent parfaitement à une présentation chronologique, ainsi la *Shoah* ou différents types de migrations qui ont eu lieu en Europe. En pareils cas, il serait bienvenu de disposer d'un supplément de documents qui fourniraient un vaste éventail d'approches méthodologiques appropriées au groupe d'âge spécifique des élèves. Si ce matériel pédagogique n'est pas inclus dans le manuel, il faut pouvoir disposer d'unités d'enseignement complémentaires.

Cela vaut pour le sujet des droits de l'homme, car, dans ce domaine, le 20ᵉ siècle a été témoin d'innombrables excès et violations du droit international. Rares sont les tentatives de réflexion sur la manière de présenter et de défendre les droits fondamentaux de l'homme. En la matière, l'enseignement semble vouloir donner le mauvais exemple.

Une exception toutefois, avec la nouvelle approche adoptée par certains des derniers manuels allemands, qui proposent une étude diachronique sur le sujet «Guerre et paix». Là, le cours d'histoire peut vraiment arriver à mieux faire comprendre comment, dans le passé, on a pu assurer de longues périodes de paix. Mais la plupart des manuels s'intéressent plus aux déclarations de guerre et aux conflits eux-mêmes qu'à la recherche de solutions pacifiques et non violentes.

Ce qui est vrai pour le sujet de l'Europe l'est aussi pour le thème de la «paix»; il doit être traité comme un sujet à part entière. Alors seulement pourra-t-on étudier des organisations telles que les Nations Unies d'une manière qui incitera les élèves à réfléchir sur les moyens d'assurer et de maintenir la paix. Ce thème apparaît en fait beaucoup plus important que la guerre, l'agression et l'action militaire.

A la suite de la guerre froide et du système des blocs, à l'Est comme à l'Ouest, les auteurs ont plus ou moins abandonné le concept d'une Europe étendue. En fait, l'Europe divisée est vue comme la conséquence logique de la première guerre mondiale. La dimension européenne est au départ associée au déclin et à la chute des grandes puissances impérialistes, à la menace de l'URSS, à la récession mondiale et à l'agression national-socialiste. Ainsi, l'impression reçue est totalement négative.

Beaucoup de manuels des anciens Etats socialistes soulignent «le retour à l'Europe». Mais de quelle Europe parlent-ils? Presque toujours, c'est l'Europe de l'Ouest qui sert de modèle positif, particulièrement à travers son organisation la plus forte et la plus économiquement puissante: l'Union européenne. Alors, parlons-nous d'une intégration dans une Europe de l'Ouest et non du développement d'un nouveau concept en faveur d'une Europe étendue plongeant aussi ses racines dans la période d'avant 1939?

Ce concept d'une Europe étendue est certes présent dans l'étude du Moyen Age et, dans une certaine mesure, du 19ᵉ siècle, mais les auteurs semblent l'avoir rejeté pour la période post-1918. Nous avons autant à gagner à regarder vers le passé que vers l'avenir si nous voulons éviter une image stéréotypée où l'Europe représente ni plus ni moins un transfert culturel de l'Ouest vers l'Est.

L'Europe ne peut simplement se définir par ses institutions – Union européenne, Conseil de l'Europe ou Commission européenne. Ce serait réduire l'histoire de l'intégration européenne à la période post-1945 et mettre en relief la coopération politique et économique au détriment de la dimension sociale et culturelle. Même dans les manuels les plus récents à orientation incontestablement européenne, les chapitres sur l'Europe se penchent presque exclusivement sur la période post-1945. Ce point de vue, peut-être justifiable pour l'enseignement des sciences sociales ou politiques, est une approche trop étriquée pour les cours d'histoire. Il faudrait au moins réserver quelques paragraphes ou sous-chapitres sur les débuts du mouvement d'unification européenne, dans les années 20, pour faire ensuite le lien avec l'évolution d'après la seconde guerre mondiale.

Pour appliquer ces recommandations dans les manuels scolaires, on a le choix entre trois modèles structurels.

Premièrement, presque tous les manuels analysés mettent en valeur ces trois moments décisifs de l'histoire du 20e siècle: les deux guerres mondiales et la récente chute du système soviétique. Chacun de ces tournants (réorientation après la première/seconde guerre mondiale et dissolution de l'Union soviétique) peut être traité selon une perspective européenne et dans trois chapitres distincts. Ces chapitres s'intéresseront moins aux clauses politiques et économiques des traités de paix ou aux nouvelles frontières ainsi créées qu'aux répercussions sur la vie sociale et culturelle et aux nouvelles orientations politiques. Existe-t-il un dénominateur commun de la conscience historique et dans quelle mesure pourrait-il générer une politique européenne, en dépit des différences régionales, nationales et ethniques?

Ces trois coupes transversales opérées au début, au milieu et à la fin du 20e siècle peuvent éclairer et ancrer dans l'esprit des élèves l'importance des questions et des relations européennes. Sans cette approche, ils auront bien du mal à appréhender l'influence mutuelle des événements nationaux et européens au cours du siècle, étant donné la prééminence de l'enseignement de l'histoire nationale dans de nombreux pays.

Mais cette étude tripartie de la dimension européenne n'est pas toujours conciliable avec les impératifs de l'emploi du temps scolaire. Cela vaut en particulier pour les pays où les enseignants n'ont pas seulement le 20e siècle à traiter en une année. Dans ce cas, le mieux est de se concentrer sur une de ces trois parties, sans oublier d'aborder brièvement les deux autres; faute de quoi l'élève recevrait une image bancale de l'Europe – soit pleine de conflits, soit partisane et tournée vers l'Ouest. Au professeur de décider laquelle de ces trois parties il souhaite mettre en valeur.

Même le processus historique entier du 20e siècle peut se diviser en trois sections: «Réorientation après la première guerre mondiale», «Le monde divisé après la première guerre mondiale» et «Vers la mondialisation». Il est alors possible de différencier chacune de ces trois grandes sections selon une dimension mondiale, européenne et nationale.

Ce programme convient tout particulièrement aux manuels qui privilégient l'histoire nationale, car elle peut alors s'inscrire dans un contexte plus large.

Deuxièmement, un grand nombre de manuels – surtout dans les pays nordiques, en Italie et en Espagne, mais aussi de plus en plus dans les pays d'Europe centrale – proposent au début de chaque chapitre une introduction générale concernant une période plus longue ou un domaine spécifique, parfois occupant une double page chargée d'illustrations grand format. Ces illustrations assument la fonction symbolique de messages sur la période ou la région concernée. Les caractéristiques générales sont ensuite présentées dans les sous-chapitres qui suivent, souvent illustrées par des exemples tirés de l'histoire nationale ou locale. Le mode de présentation est donc déductif. Les différentes dimensions (monde/Europe/nation) ne sont pas traitées séparément mais toujours mises en relation – manière certainement plus efficace que le premier modèle pour montrer les interconnexions. Pourtant, la pratique révèle que la dimension européenne (le niveau intermédiaire) reste souvent très flou et pauvrement illustré. Texte et images deviennent plus concrets au niveau national ou local, et les concepts clés sont développés au niveau international ou mondial.

Une fois ce modèle choisi, le niveau européen ne doit pas être négligé, mais au contraire plus souligné qu'il n'est d'usage dans la présentation générale.

Cette démarche est tout particulièrement indiquée pour le langage symbolique, car les symboles européens sont avant tout employés pour la période post-1945. En général, ce sont les symboles nationaux qui prédominent; mais l'un des symboles européens les plus fréquemment imprimés se compose d'images des différents Etats européens (par exemple drapeaux des Etats membres de l'Union européenne, ou bénéficiaires du plan Marshall).

Troisièmement, les manuels d'histoire se limitent rarement à un seul de ces modèles, préférant les mélanger. Exemple courant: un chapitre général propose une introduction sur l'histoire du 20e siècle ou sur la réorientation après la première guerre mondiale; puis viennent des chapitres plus centrés sur l'histoire de tel ou tel pays, même si les aspects généraux restent déterminants pour opérer la sélection (par exemple présentation des systèmes fascistes ou des sociétés traversant une crise économique); puis, là encore, un chapitre déductif sur la guerre froide. Dans ce modèle mixte, la place réservée à l'Europe est souvent tout à fait arbitraire, ce qui voile quelque peu la logique du développement européen. Toujours est-il que les auteurs choisissant ce modèle se distinguent souvent en utilisant un vaste éventail d'approches didactiques intéressantes. Des domaines rarement traités (art et culture, par exemple) bénéficient d'une description très vivante selon une perspective européenne. L'organisation stimulante peut ainsi compenser le manque d'approche systématique.

Quelle que soit la structure privilégiée par l'auteur, celui-ci doit bien réfléchir à la place qu'il entend accorder à la dimension européenne.

L'Europe risquerait sinon d'être «étranglée» entre, d'un côté, l'orientation future vers le «monde un et unique», les problèmes des Etats industriels et les régions dites sous-développées et, de l'autre côté, les fortes traditions nationales qui subsistent; l'Europe apparaîtrait comme fragmentée à travers le texte, sans trouver la place et la portée qui lui conviennent.

L'enseignement d'une conscience historique européenne ne peut pas être normalisé.

Ni le Conseil de l'Europe ni aucune organisation européenne n'ont le droit d'intervenir dans les programmes des différents Etats membres. Quant à l'Union européenne, elle ne peut agir qu'à travers des subventions, pour encourager la prise en compte de la dimension européenne dans l'enseignement. Si l'on veut promouvoir les aspects européens, il est donc essentiel de faire participer les auteurs de manuels, les concepteurs de programmes d'enseignement et les enseignants. Dès les premiers temps de sa création, le Conseil de l'Europe s'est intéressé à l'enseignement de l'histoire et a organisé conférences et séminaires pour évaluer la manière dont les Etats membres devaient présenter et enseigner leur propre histoire et celle des autres, et ce dans le but de renforcer la compréhension des diverses traditions, de réduire les préjugés et de favoriser la conscience d'une interdépendance croissante. Aujourd'hui, élèves et enseignants de toute l'Europe veulent avoir un point de vue historique plus large pour pouvoir étudier les histoires nationales (événements et cultures) dans une perspective européenne. Seule cette approche permettra de mieux appréhender les responsabilités mutuelles qui s'affirment de jour en jour.

L'échange d'expériences lors de séminaires et de projets communs a accéléré l'apparition de manuels d'histoire proposant des approches didactiques innovantes. Cet immense progrès se voit clairement, par exemple, si l'on compare les deux livres d'histoire lituaniens, (L1, publié en 1993, et L2, paru en 1998), la nouvelle série de manuels d'histoire croates – même si le volume consacré au 20e siècle n'est pas encore disponible – ou le nouveau manuel russe sur la période de l'après-guerre, élaboré dans le cadre d'un projet collectif européen et actuellement à l'essai.

Les pages des manuels proposées parlent d'elles-mêmes par leur diversité... Rien à craindre, la production de livres d'histoire uniformisés ne verra pas le jour en Europe. Certes, les Européens ont une multitude de références historiques communes, mais ils ne les voient pas selon les mêmes perspectives: événements et processus historiques sont évalués différemment selon les points de vue nationaux, ethniques, religieux, sociaux ou culturels respectifs.

Il est crucial pour l'identité européenne que ces multiples approches de l'histoire soient compatibles et acceptées par tous.

Cette démarche a rarement été suivie par le passé, ce qui n'a fait qu'aggraver les conflits d'intérêts économiques et politiques.

Il est important de trouver un équilibre dans la présentation des dimensions nationale, européenne et mondiale.

Pour ce faire, plusieurs méthodes appropriées (analyses comparatives de manuels, échanges et élaboration commune de matériel pédagogique et de recommandations bilatérales pour les manuels d'enseignement de l'histoire) peuvent favoriser une approche de type comparatif sans céder à une normalisation.

Nous espérons que cette documentation contribuera à réaliser ces objectifs.

ANNEXE I
Extrait de la table des matières du manuel Histoire Géographie. Education civique. 3e technologique (F 2)

Première guerre mondiale	Entre-deux-guerres	Seconde guerre mondiale	Le monde depuis 1945	La France depuis 1945
1900-1914: Visages de l'Europe	Le monde après la première guerre mondiale	La guerre de 1939 à 1942. Le flux	Est et Ouest: de la guerre froide à la détente	La IVe République
1900-1914: L'Europe concurrencée	L'URSS de 1919 à 1939: un pays isolé	La guerre de 1942 à 1945. Le reflux	Le renouveau des vaincus: la RFA et le Japon	La fin de l'empire français
1900-1914: La paix ou la guerre?	L'Italie de 1919 à 1939: le fascisme	Collaborations et résistances	Le démembrement des empires coloniaux	Economie et société: 1945-1960
1914-1918: La Grande Guerre	Les Etats-Unis de 1919 à 1929: l'apparente prospérité	Refaire le monde après la guerre	Les oubliés de la croissance	La Ve République de 1958 à 1981
1917-1920: L'Empire russe en révolution	Les Etats-Unis de 1929 à 1939. La crise et ses conséquences	Gros plan: «L'enfer organisé»	L'URSS et l'Europe de l'Est: du communisme aux nationalismes	La Ve République de 1981 à aujourd'hui
1914-1918: Le bilan	L'Allemagne de 1919 à 1939: le razisme		Les conflits du monde actuel	Economie et société depuis 1960
Gros plan: La guerre des tranchées; Les civils	La France de 1919-à 1939: l'instabilité politique		Gros plan: la société de consommation ... et ses conséquences	La France et la construction de l'Europe
	1935-1939: la marche à la guerre			Gros plan: la guerre d'Algérie
	Gros plan: l'art dans l'entre-deux-guerres			

© Hachette Livre, Paris, 1995

Extrait de la table des matières du manuel Andere tijden (NL 4)

L'Europe et le monde 1870-1918	Fascisme et national-socialisme en Italie et en Allemagne	Les Pays-Bas au 20ᵉ siècle	Le monde après 1945
Europe		Depuis 1945	La politique internationale
Economie Société Mentalités (racisme, sens du devoir) Politique	Politique et société Mentalités (doctrine raciale, art dégénéré) Economie Politiques intérieures La seconde guerre mondiale (guerre offensive à l'Ouest, agression contre l'Union soviétique et les Etats-Unis, le tournant de Stalingrad, les deux bombes atomiques, les victimes de la guerre) Arts	Politique Economie Société La seconde guerre mondiale	La guerre froide L'économie de l'Amérique La puissance militaire de l'Amérique La puissance politique de l'Amérique Pologne et Allemagne Le rideau de fer Le programme d'aide américain Dissuasion Le blocus de Berlin La guerre de Corée Le parapluie nucléaire La course aux armements La crise de Cuba Les critiques contre l'Amérique
L'Europe et ses colonies		Après la guerre	L'Europe
Politique Economie Société Mentalités Arts		Mentalités Société Economie Politique Arts	La Communauté économique européenne L'élargissement de la CEE La question du réarmement Crédibilité La fin de la course aux armements Les révolutions en Europe de l'Est Conclusions

© Malmberg, 1994

Les autres chapitres importants qui ne figurent pas dans la table sont les suivants: «Europe, Asie, Afrique 1880-1940», «L'Union soviétique au 20ᵉ siècle» et «Les Etats-Unis au 20ᵉ siècle».

ANNEXE II

Manuels analysés

Bosnie-Herzégovine

BiH 1: Abdulah Jabucar *et al.*, M. Imamovic *et al.*, *Historija* (Histoire), *8. Razred osnovne skole*, Ministarstvo obrazovanja, nauke i kulture, Sarajevo, 1994

BiH 2: A. Jabucar *et al.*, Mustafa Imamovic *et al.*, *Historija* (Histoire), *IV. razred gimnazije*, 2ᵉ édition, Ministarstvo obrazovanja, nauke, kulture, sporta, Sarajevo, 1996

Croatie

HR 1: Franko Mirosević, Ivo Perić, *Povijest* (Histoire), *Za osmi razred osnovne skole*, 3ᵉ édition, Skolska knjiga, Zagreb, 1994

HR 2: Franko Mirosević, Ivo Perić, *Hrvatska i svijet u 20. stoljecu* (La Croatie et le monde au 20ᵉ siècle), 2ᵉ édition, Skolska knjiga, Zagreb, 1994

République tchèque

CZ 1: Jan Kuklik, *Lidé v dejinách, Období 1918-1945* (Les gens dans l'histoire, la période 1918-1945), Fortuna, Prague, 1996

CZ 2: Eva Mikolášková, Vladimír Nálevka, *Dějiny moderní doby, 3. díl, 1945-1991* (Histoire de l'ère moderne, 3ᵉ partie, 1945-1991), Fortuna, Prague, 1997

CZ 3: Marie Vošahlíková, Pavla Vošahlíková, Jirí Jozák, *Dějepis – Nová doba, 2. díl* (Histoire, une nouvelle ère, 2ᵉ partie), Práce, Prague, 1996

CZ 4: Naïa Mytinová, Marie Jošáková, *Dějepis – Nová doba, 4. díl. Èeskoslovensko a svìt* (Histoire – Une nouvelle ère, 4ᵉ partie. La Tchécoslovaquie et le monde), Práce, Prague, 1995

CZ 5: Vìra Olivová, *Dějiny nové doby 1850-1993* (Histoire des temps modernes 1850-1993), Scientia, Prague, 1995

Finlande

FIN 1: Mirja Valinsaari, Aila Niemitukia, Pirkko Metsäkallas *et al.*, *Kohti nykyaikaa. 1800-1900-luku* (Vers les années actuelles 1800-1900), WSOY, Helsinki, 1997

FIN 2: Liisa Saarenheimo, Osmo Lappalainen *et al.*, *Horisontti. Napoleonista nykypäivään* (Horizon. De Napoléon à nos jours), Otava, Helsinki, 1997

« L'ex-République yougoslave de Macédoine »

FYROM 1: Blagoj Cukarski, S. Mladenovski *et al.*, *Istorija* (Histoire), *Za IV. klas gimnazija*, Prosvetno delo, Skopje, 1992

FYROM 2: M. Veljanovski *et al.*, *Istorija* (Histoire), *8.oddelenije*, 2e édition, Prosvetno delo, Skopje, 1998

France

F 1: Marie-Thérèse Drouillon, Eric Baconnet, Jean-marie Flonneau, Martine Mari, Antonella Romano, *Histoire Géographie. Initiation économique. 3e*, Nathan, Paris, 1994

F 2: Jacques Chapon, Guy Lancelot, Michel Konrat, André Vasseur, Alain Prost, *Histoire Géographie. Education civique. 3e technologique*, Hachette, Paris, 1995

F 3: Rémy Knafou, Valéry Zanghellini, Maité Frank *et al.*, *Histoire Géographie. Initiation économique. 3e*, Belin, Paris, 1993

F 4: Jean Brignon, Françoise Aoustin *et al.*, *Histoire Géographie. Initiation économique. 3e*, Hatier, Paris, 1995

Allemagne

D 1: Klaus Bergmann *et al.*, *Geschichte und Geschehen* (Histoire et événements), Ernst Klett, Stuttgart, 1997, vol. 4

D 2: Bernd Mütter *et al.*, Andreas Dilger *et al.*, *Geschichtsbuch 4. Die Menschen und ihre Geschichte in Darstellungen und Dokumenten. Von 1918 bis 1995* (Livre d'histoire, cours moyen 1. Les gens et leur histoire – portraits et documents. De 1918 à 1995), Cornelsen, Berlin, 1997, vol. 4

D 3: Bernhard Heinloth *et al.*, *Oldenbourg – Geschichte für Gymnasien 9* (L'histoire pour l'enseignement secondaire, classe de 3e), R. Oldenbourg, Munich, 1994

D 4: Bernhard Heinloth, Manfred Franze et al., *Oldenbourg – Geschichte für Gymnasien 10*, (L'histoire pour l'enseignement secondaire, classe de 2e), R. Oldenbourg, Munich, 1997

D 5: Hans-Jürgen Lendzian, Rolf Schörken, Hartwin Brandt et al., *Rückspiegel. Woher wir kommen – wer wir sind. Vom Ersten Weltkrieg bis zur Gegenwart* (Rétrospective. D'où venons-nous? Qui sommes-nous? De la première guerre mondiale à nos jours), Ferdinand Schöningh, Paderborn, 1996, vol. 4

Grande-Bretagne (Angleterre et pays de Galles seulement)

GB 1: John D. Clare, *Options in history. The 20th century* (Options en histoire. Le 20e siècle), Thomas Nelson and Sons Ltd., Walton-on-Thames Surrey, 1995

GB 2: Neil De Marco, Richard Radway, *The 20th century world* (Le monde du 20e siècle), Stanley Thornes Ltd., Cheltenham, 1998

GB 3: Fiona Reynoldson, *Foundation history. The twentieth century world* (Initiation à l'histoire. Le monde du 20e siècle), Heinemann Educational Publishers, Oxford, 1995

GB 4: Walter Robson, *Access to history. The twentieth-century world* (Accès à l'histoire. Le monde du 20e siècle), Oxford University Press, Oxford, 1995, vol. 5

Grèce

GR 1: B. Sphyroera, *Historia neotere kai synchrone* (Histoire nouvelle et moderne), OEDB, Athènes, 1994

Hongrie

H 1: Péter Bihari, *A 20. század története fiataloknak* (L'histoire du 20e siècle pour les jeunes), Holnap Kiadó, Budapest, 1998

H 2: Béla Dürr, *Történelem az általános iskola 8. osztálya számára* (L'histoire à l'école primaire, cours moyen 1), Korona Kiadó, Budapest, 1998

H 3: Mátyás Helméczy, *Történelem 8. az általános iskolák számára* (L'histoire à l'école primaire, cours moyen 1), Nemzeti Tankönyvkiadó, Budapest, 1997

Italie

I 1: Marcello Flores et al., *Storia. Il mondo, popoli, culture, relazioni. La società contemporanea dalla metà dell'Ottocento agli scenari del presente* (Histoire. Le monde, les gens, la culture, les relations. La société contemporaine depuis le milieu du 19ᵉ siècle à nos jours), Edizioni scolastiche Bruno Mondadori, Milan, 1994, vol. 3

I 2: Antonio Londrillo, Franca Fabbri, *Viaggio nella Storia. Il Novecento* (Voyager à travers l'histoire. Le 20ᵉ siècle), Gruppo Ugo Mursia, Milan, 1997, vol. 5

I 3: Renato Bordone, Lorenzo Banfi, *La storia e noi. Il Novecento* (L'histoire et nous. Le 20ᵉ siècle), Società Editrice Internazionale, Turin, 1997, vol. 3

I 4: Silvio Paolucci, Giuseppina Signorini, *Il corso della storia. Il Novecento* (Le cours de l'histoire. Le 20ᵉ siècle), Zanichelli, Bologne, 1998, vol. 3

I 5: Federica Ballesini, *I sentieri della storia* (Chemins à travers l'histoire), Istituto Geografico De Agostini, Novare, 1996, vol. 3

Lituanie

LIT 1: A. Kasperavitius, R. Jokimaitis, A. Jakubcionis, *Naujausiuju Laiku Istorija* (L'histoire contemporaine), «Sviesa», Kaunas, 1993

LIT 2: A. Kasperavitius, R. Jokimaitis, A. Jakubcionis, *Naujausiuju Laiku Istorija* (L'histoire contemporaine), Kronta, Vilnius, 1998

Pays-Bas

NL 1: Lars Hildingson, A. Schulp, *Levende geschiedenis* (L'histoire vivante), Meulenhoff, Amsterdam, 1996, vol. 3

NL 2: Lars Hildingson, A.C. Voogt, *Chronoscoop* (Chronoscope), Meulenhoff, Amsterdam, 1995, vol. 2

NL 3: J.C.H. Blom *et al.*, *Sprekend verleden* (Raconter l'histoire), Nijgh & Van Ditmar, Rijswijk, 1992, vol. 3

NL 4: Hans Ulrich, H.L. Wesseling, *Andere tijden* (Autres temps), Malmberg, Den Bosch, 1994, vol. 3

NL 5: Arie Wilschut *et al.*, *Sporen* (Vestiges), Wolters-Nordhoff, Groningue, 1993, vol. 3

Norvège

N 1: H. Dahl, E. Lund, *Historie* (Histoire). *Innblikk. Samfunnsfag for Ungdomsskolen,* Aschehoug, Oslo, 1998

N 2: A. Ogard, A. Sveen, S. Aastad, *Historie* (Histoire), *Samfunn 8-10,* Cappelan, Oslo, 1998

N 3: B. Larsen, H. Skjonsberg, *Historie* (Histoire). *Underveis.Samfunnsfag for Ungdomstrinnet,* Gyldendal, Oslo, 1998

N 4: E. Lund, E. Indresovde, *Historie* (Histoire). *Innblikk,* Aschehoug, Oslo, 1999

N 5: I. Ebbestad, A. Sveen, S. Aastad, *Historie* (Histoire). *Samfunn,* Cappelan, Oslo, 1999

N 6: B. Larsen, H. Skjonsberg, *Historie* (Histoire). *Underveis,* Gyldendal, Oslo, 1999

Pologne

PL 1: Stanislaw Sierpowski, *Historia Najnowsza (1918-1996). Podrêcznik dla szkoly podstawowej* (Histoire contemporaine – manuel pour les écoles primaires), Polska Oficyna Wydawnicza «BGW», Varsovie, 1997

PL 2: Elsbieta Centkowska, Jerzy Centkowski, Janusz Osica, *Drogi do wolnoœci (1914-1994). Historia dla klasy 8* (Les chemins de la liberté. Histoire pour la classe de 4e), Wydawnictwa Szkolne i Pedagogiczne, Varsovie, 1996

PL 3: Tadeusz Glubiñski, *Trudny wiek 20. Historia 8* (Le difficile 20e siècle. Histoire pour la classe de 4e), Wydawnictwa Szkolne i Pedagogiczne, Varsovie, 1997

Fédération de Russie

RUS 1: Alexander Kreder, *Novejshaja istorija. 20 vek* (Histoire contemporaine: le 20e siècle), Centr gumanitarnogo obrazovanija, Moscou, 1996

RUS 2: Oleg Soroko-Ziupa, Vladislav Smirnov, Vladimir Poskonin, Alexander Stroganov, *Mir v 20 veke* (Le monde au 20e siècle), Prosvešcenie, Moscou, 1997

RUS 3, vol. 1: Aleksandr M. Rodriges, *Novejshaja istorija zarubeznykh stran: 20 vek 1900-1945* (L'histoire du 20e siècle dans le monde au-delà de la Russie: 1900-1945), Vlados, Moscou, 1998

RUS 3, vol. 2: Aleksandr M. Rodriges, *Novejshaja istorija zarubenznykh stran: 20 vek 1945-1998* (L'histoire du 20e siècle dans le monde au-delà de la Russie: 1945-1998), Vlados, Moscou, 1998

RUS 4: Stepan Volk, Genrich Levin, Oleg Ostrovsky, David Prizker, Stanislav Stezkevic, Viktor Furaev, *Novejshaja istorija 1939-1992* (Histoire contemporaine 1939-1992), Prosvešcenie, Moscou, 1993

RUS 5: I.I. Dolutskiy, *Otecestvennaja istorija: XX vek. Ucebnik dlja 10-11 klassov obscobrazovatel 'nyck ucrezdenij* (L'histoire de la patrie. Le 20ᵉ siècle) (2ᵉ partie), I.I. Dolutskiy M., «Mnemosina», 1996.

Slovaquie

SK 1: Herta Tkadleckoá, *Dejepis. Svet v novom storocí* (Histoire. Le monde du nouveau siècle), Orbis Pictus Istropolitana, Bratislava, 1995

Espagne

E 1: Teresa Grenze, *Historia* (Histoire). *Educación Secundaria Obligatoria. Segundo Ciclo,* Santillana, Madrid, 1996

E 2: F. Cisneros Fraile, E. García Alminana *et al., Historia* (Histoire). *Educación Secundaria Obligatoria. Segundo Ciclo,* Ecir, Valence, 1996

E 3: Esther Carrión, *Historia. Ciencias Sociales.* (Histoire. Sciences sociales). *Secundaria Segundo Ciclo,* Ediciones S.M., Madrid, 1994

E 4a: A. Fernández Garcia, M. Llorens Serrano *et al., Tiempo 3. Ciencias Sociales* (Epoque 3. Sciences sociales). *Educación Secundaria. Segundo Ciclo. Tercer curso,* Ediciones Vicens Vives, Barcelone, 1997

E 4b: A. Fernández Garcia, M. Garcia Sebastian *et al., Tiempo 4. Ciencias Sociales* (Epoque 4. Sciences sociales). *Educación Secundaria. Segundo Ciclo. Cuarto curso,* Ediciones Vicens Vives, Barcelone, 1999

E 5: Jesús R. Navas, Joaquín Prats, José Emilio Castelló *et al., Historia* (Histoire). *Educación Secundaria Obligatoria. 2ª Ciclo,* Anaya, Madrid, 1998

E 6: Patricia Martín Martín, *Geografía e Historia* (Géographie et histoire). *Secundaria,* Edelvives, Saragosse, 1995

Annexe III[1]

Apprendre et enseigner l'histoire de l'Europe du 20ᵉ siècle

Souvent perçu par les historiens comme étant «le plus difficile à étudier et à enseigner», le 20ᵉ siècle fait l'objet d'un projet spécifique, «Apprendre et enseigner l'histoire de l'Europe du 20ᵉ siècle». En 1993 et en 1997, les deux sommets des chefs d'Etat des pays membres du Conseil de l'Europe avaient donné mandat à l'Organisation de développer plus particulièrement les activités et les méthodes pédagogiques relatives à cette période, et l'Assemblée parlementaire avait exprimé une volonté similaire dans une recommandation sur l'apprentissage de l'histoire, adoptée en 1996.

Ce projet constitue un véritable ensemble pédagogique et peut être décrit comme un «atome dans lequel des satellites gravitent autour d'un noyau». Ce «noyau» sera matérialisé par un guide pratique destiné aux enseignants, entièrement consacré aux méthodes et aux différentes manières de présenter le 20ᵉ siècle aux élèves. Un historien britannique, Robert Stradling, prépare cet ouvrage qui comprendra aussi bien des chapitres pédagogiques que des fiches pratiques et des exercices bâtis autour de cas et des thèmes concrets. Tout en reprenant et amplifiant les recommandations du Conseil de l'Europe déjà établies dans le domaine de l'histoire, il les adapte aux problématiques et à la complexité du 20ᵉ siècle, en tenant compte des bouleversements intellectuels, politiques et sociaux qui le caractérisent. Il s'intéressera aussi à relever les omissions et les falsifications qui entachent la présentation du siècle, et à traiter les questions litigieuses, sources de conflits, de polémiques et d'incompréhensions.

Les satellites sont, quant à eux, constitués par des pochettes pédagogiques consacrées aux femmes, aux mouvements de population, au cinéma, à l'enseignement de l'Holocauste et aux nationalismes, toujours en Europe et au 20ᵉ siècle. Ils seront complétés par des rapports et des contributions concernant, entre autres, l'utilisation des nouvelles technologies dans l'enseignement, le problème des sources en histoire contemporaine et l'étude des «détournements de l'histoire». L'ensemble constitue un «paquet» utilisable par tous les enseignants, adapté à leurs besoins et à leurs moyens. Il sera

---

1. Ce texte est tiré de *Leçons d'histoire: le Conseil de l'Europe et l'enseignement de l'histoire*, Editions du Conseil de l'Europe, 1999.

disponible aussi bien sur des supports traditionnels, composés de cahiers et de livres, complétés par des films et des photos, que sous une forme électronique.

Spécifiquement traitée par plusieurs rapports et ateliers, la question de la collecte et de l'exploitation des sources de l'histoire du 20e siècle apparaît aussi, en transversale, dans l'ensemble du projet. Celui-ci prévoit d'initier les élèves à la consultation et à l'exploitation d'archives, comme base documentaire ou thème de réflexion. Mais, à la différence des siècles qui le précèdent, le 20e siècle s'étudie et se lit aussi à travers les nouveaux médias qu'il a générés comme le cinéma, la radio, la télévision et plus globalement l'image, qui côtoient, voire supplantent, l'information écrite.

Ces sources nouvelles doivent être recensées et connues, mais aussi décryptées et évaluées. Le pouvoir de l'image, fixe ou animée, accroît aussi le risque de manipulation du spectateur: les films de propagande tournés par les régimes totalitaires en sont l'illustration la plus tragiquement exemplaire, mais les omissions ou détournements – y compris ceux permis par les techniques de montage ou de prise de vues, parsèment aussi des films ou des reportages qui se drapent d'objectivité ou d'information. En découvrant ces mécanismes, volontaires ou non , les élèves d'aujourd'hui, qui vivent dans un environnement audiovisuel permanent, apprendront aussi à se montrer plus critiques face à celui-ci, en regardant un journal télévisé ou un film.

Mais bien évidemment, au-delà de la propagande et de la manipulation, le passage progressif du monde de l'écrit vers une société de l'image constitue aussi, en soi, un phénomène historique devant être étudié. Dans ce contexte, la pochette pédagogique sur le cinéma proposera aux enseignants une «filmographie du 20e siècle» comprenant les 100 films les plus significatifs du siècle; ils serviront à éclairer leur période, historiquement et culturellement, et favoriseront aussi les débats autour d'elle.

Le projet entend aussi stimuler le recours à des sources peu employées dans l'enseignement, comme le recueil de témoignages oraux. Ceux-ci constituent parfois la seule source disponible pour cerner un événement ou un cadre de vie, et fournissent souvent un éclairage capable de contrebalancer l'histoire «officielle»; ils permettent de plus de personnaliser l'histoire en donnant à l'orateur un rôle de témoin. Certaines écoles invitent déjà des anciens résistants, ou des anciens déportés, à raconter leurs souvenirs, qui replacent les auditeurs dans le contexte de l'époque; de même, la vie dans une usine peut être illustrée par le récit d'un ancien ouvrier. Toutefois, la mémoire orale doit aussi être multiple, car elle peut manquer d'objectivité comme toute source écrite ou visuelle.

Les technologies les plus récentes, notamment informatiques, véhiculent elles aussi des nouvelles sources d'information, comme les CD-Rom ou les sites Internet, mais constituent de plus des moyens d'enseignement en tant que tels. Là aussi, il importe d'aider les élèves à sélectionner et à évaluer la profusion de documents disponibles sur Internet, et de les faire s'interroger sur leur provenance, leur fiabilité et tous les risques de manipulation ou d'omission qu'ils peuvent contenir. Mais pour l'enseignant, utiliser Internet implique d'abord de savoir s'en servir: en fonction de leur formation et de leur attitude face à ces outils, les professeurs s'y montrent plus ou moins réceptifs et favorables. Le projet vise donc à les aider à utiliser ces équipements, qui leur fourniront par exemple des textes et des images, les sites Internet et les CD-Rom pouvant ainsi compléter utilement les manuels et les cours.

Néanmoins, si ces nouveaux outils offrent d'importantes perspectives pédagogiques, les enseignants qui participent aux séminaires de formation rappellent qu'ils ne sauraient se substituer aux livres et aux papiers, et, tout en ouvrant des perspectives, ne bouleverseront pas entièrement l'enseignement. De plus, beaucoup d'enseignants observent que leur développement à l'école reste encore, actuellement, freiné par les contraintes liées à leur coût.

La pochette consacrée à «l'histoire des femmes» s'inscrit dans la volonté du Conseil de l'Europe de donner une représentation équitable des deux sexes dans la société, mais son objectif dépasse ce seul rééquilibrage. En effet, tout en soulignant le rôle trop longtemps négligé des femmes dans la société, elle vise aussi à «éclairer l'histoire» à travers leur regard, et à leur «rendre la parole». Plusieurs séminaires ont déjà été organisés autour de ce projet, dont la présentation s'appuiera aussi sur des exemples précis, collectifs ou individuels. Parmi ceux-ci, le rôle des femmes dans la Russie de Staline présentera la vie, l'activité et l'image des femmes de la période, et l'illustrera à travers elles. Des biographies féminines pourront charpenter des cours ou des thèmes, mais il importe aussi de présenter des femmes «ordinaires» ou anonymes, ainsi que leurs points de vue face aux événements et au monde. Pour cela, le recours au témoignage et à l'histoire orale doit être encouragé: la pochette proposera des exemples et des méthodes «d'interviews» pouvant être réalisées auprès de femmes ayant vécu des événements historiques ou représentatives d'une époque ou d'un thème.

La pochette recense également les sujets généraux à aborder dans les cours, que ce soit la lutte pour le droit de vote, le travail féminin ou l'image de la femme. Elle s'intéresse aussi aux biais et aux omissions qui entravent la présentation du rôle des femmes dans l'histoire, et débouche ainsi sur un véritable travail d'historiographie propice au commentaire et au jugement critique.

Conçue sous une forme comparable, la pochette sur les nationalismes dépassera les seules définitions du phénomène pour en aborder les aspects les plus quotidiens, jusqu'au sport ou aux monnaies. Elle en présentera les grandes conséquences historiques, comme la mobilité des frontières ou l'éclatement des empires (Autriche-Hongrie, Empire ottoman et URSS) et s'intéressera aux relations entre les groupes majoritaires et minoritaires au sein des Etats. Elle réfléchira ensuite à la cohabitation des groupes et aux moyens de «vivre ensemble», par exemple à travers le fédéralisme. La pochette, comme les deux autres, sera complétée par une bibliographie incluant documents écrits, films, mais aussi CD-Rom et sites Internet.

La pochette sur les migrations abordera l'ensemble des mouvements de population en Europe au 20e siècle, les raisons qui poussent les individus et les groupes à changer de pays et les échanges culturels et sociaux qui découlent de ces mouvements. Elle ne se réduira pas aux grands courants migratoires des dernières décennies, mais s'arrêtera aussi sur les mouvements transfrontaliers dictés par des modifications de frontière ou des nécessités économiques, comme dans le cas des travailleurs frontaliers. Elle vise à présenter les réalités et les points de vue des «migrants» comme des habitants des pays d'accueil, tout en facilitant le dialogue et la compréhension mutuelle, autour de préoccupations et de modes de vie qui tendent à se rapprocher.

La pochette sur l'enseignement de l'Holocauste, au-delà des faits eux-mêmes, devrait «personnaliser» les événements, à travers la vie de victimes par exemple, avant et pendant l'Holocauste. Un adolescent de 15 ans sera plus touché par l'histoire d'un jeune de son âge, avant et pendant la guerre que par une seule présentation globale de l'époque, et percevra plus concrètement l'ampleur de la tyrannie et des crimes. A l'heure où l'antisémitisme connaît d'inquiétantes résurgences dans certains pays, il importe, au-delà des faits, de rappeler que tout individu peut devenir un jour la victime de tels crimes, mais il faut réfléchir aussi sur les «mécanismes» qui peuvent, simultanément, transformer des individus «normaux» en tortionnaires et en bourreaux.

Le projet étudie aussi la manière dont l'histoire du 20e siècle est enseignée à travers l'Europe, que ce soit dans les manuels, les programmes ou les cours. Il invite les enseignants, au-delà de la présentation des faits, à aborder leur représentation et la «mémoire» qui en émane. Le concept de «lieu de mémoire», propice à la réflexion comme au souvenir, introduit aussi l'idée de patrimoine culturel. Ce dernier ne doit pas se limiter à un palais ou une église, mais inclut aussi des sites rappelant les heures les plus sombres du 20e siècle, comme les tranchées de 1914 ou les camps de concentration.

La «mémoire vécue» peut être illustrée par le recours à des documents peu connus, comme les lettres adressées par les soldats de la Grande Guerre à leurs familles, qui témoignent ainsi de la dimension individuelle d'un événement collectif. Les cartes et les photos, comme les extraits de films, parlent souvent mieux d'une guerre aux élèves que la seule énumération chronologique de son déroulement, et la présentation d'un mémorial témoigne aussi de la manière dont un conflit marque un pays ou une région.

Enfin, la formation des professeurs d'histoire fait l'objet d'études comparatives qui serviront de base à des recommandations formulées par le projet. Selon les pays, les futurs enseignants passent directement de l'université au milieu scolaire, et leur bagage académique se complète d'une formation plus ou moins poussée en pédagogie, qui va de simples stages à une ou plusieurs années de préparation à l'enseignement. Le projet entend évaluer et recenser les différents modèles de formation même s'il ne vise qu'à les optimiser, et en aucun cas à les uniformiser. Il insiste sur la nécessité de développer la formation continue des enseignants, que ce soit en matière de techniques d'enseignement ou dans le choix des thèmes et problématiques méritant d'être exposés aux élèves.

Le projet devrait permettre aux enseignants d'histoire, en Europe, quel que soit leur pays, de développer des méthodes et des thèmes adaptés aux spécificités de l'histoire du 20e siècle. Il les aidera à intégrer la diversité des sources documentaires et des sujets dans leur pratique, mais aussi à adapter celle-ci aux évolutions technologiques contemporaines. Le projet souligne la spécificité de l'enseignement de l'histoire du 20e siècle par rapport à la formation historique en général, et insiste pour que le 20e siècle fasse l'objet d'une présentation plus ouverte sur le monde extérieur, capable d'en favoriser la compréhension par l'élève. Dynamique et attractif, cet enseignement doit rappeler aux élèves, confrontés hors de la classe à de nombreuses sources extérieures d'information historique, que l'école reste le lieu privilégié pour apprendre, connaître et analyser l'histoire de l'Europe du 20e siècle.

Sales agents for publications of the Council of Europe
Agents de vente des publications du Conseil de l'Europe

AUSTRALIA/AUSTRALIE
Hunter Publications, 58A, Gipps Street
AUS-3066 COLLINGWOOD, Victoria
Tel.: (61) 3 9417 5361
Fax: (61) 3 9419 7154
E-mail: Sales@hunter-pubs.com.au
http://www.hunter-pubs.com.au

AUSTRIA/AUTRICHE
Gerold und Co., Weihburggasse 26
A-1010 WIEN
Tel.: (43) 1 533 5014
Fax: (43) 1 533 5014 18
E-mail: buch@gerold.telecom.at
http://www.gerold.at

BELGIUM/BELGIQUE
La Librairie européenne SA
50, avenue A. Jonnart
B-1200 BRUXELLES 20
Tel.: (32) 2 734 0281
Fax: (32) 2 735 0860
E-mail: info@libeurop.be
http://www.libeurop.be

Jean de Lannoy
202, avenue du Roi
B-1190 BRUXELLES
Tel.: (32) 2 538 4308
Fax: (32) 2 538 0841
E-mail: jean.de.lannoy@euronet.be
http://www.jean-de-lannoy.be

CANADA
Renouf Publishing Company Limited
5369 Chemin Canotek Road
CDN-OTTAWA, Ontario, K1J 9J3
Tel.: (1) 613 745 2665
Fax: (1) 613 745 7660
E-mail: order.dept@renoufbooks.com
http://www.renoufbooks.com

**CZECH REPUBLIC/
RÉPUBLIQUE TCHÈQUE**
USIS, Publication Service
Havelkova 22
CZ-130 00 PRAHA 3
Tel.: (420) 2 210 02 111
Fax: (420) 2 242 21 1484
E-mail: posta@uvis.cz
http://www.usiscr.cz/

DENMARK/DANEMARK
Swets Blackwell A/S
Jagtvej 169 B, 2 Sal
DK-2100 KOBENHAVN O
Tel.: (45) 39 15 79 15
Fax: (45) 39 15 79 10
E-mail: info@dk.swetsblackwell.com

FINLAND/FINLANDE
Akateeminen Kirjakauppa
Keskuskatu 1, PO Box 218
FIN-00381 HELSINKI
Tel.: (358) 9 121 41
Fax: (358) 9 121 4450
E-mail: akatilaus@stockmann.fi
http://www.akatilaus.akateeminen.com

FRANCE
La Documentation française
(Diffusion/Vente France entière)
124 rue H. Barbusse
93308 Aubervilliers Cedex
Tel.: (33) 01 40 15 70 00
Fax: (33) 01 40 15 68 00
E-mail: commandes.vel@ladocfrancaise.gouv.fr
http://www.ladocfrancaise.gouv.fr

Librairie Kléber (Vente Strasbourg)
Palais de l'Europe
F-67075 STRASBOURG Cedex
Fax: (33) 03 88 52 91 21
E-mail: librairie.kleber@coe.int

GERMANY/ALLEMAGNE
UNO Verlag
Am Hofgarten 10
D-53113 BONN
Tel.: (49) 2 28 94 90 20
Fax: (49) 2 28 94 90 222
E-mail: bestellung@uno-verlag.de
http://www.uno-verlag.de

GREECE/GRÈCE
Librairie Kauffmann
Mavrokordatou 9
GR-ATHINAI 106 78
Tel.: (30) 1 38 29 283
Fax: (30) 1 38 33 967
E-mail: ord@otenet.gr

HUNGARY/HONGRIE
Euro Info Service
Hungexpo Europa Kozpont ter 1
H-1101 BUDAPEST
Tel.: (361) 264 8270
Fax: (361) 264 8271
E-mail: euroinfo@euroinfo.hu
http://www.euroinfo.hu

ITALY/ITALIE
Libreria Commissionaria Sansoni
Via Duca di Calabria 1/1, CP 552
I-50125 FIRENZE
Tel.: (39) 556 4831
Fax: (39) 556 41257
E-mail: licosa@licosa.com
http://www.licosa.com

NETHERLANDS/PAYS-BAS
De Lindeboom Internationale Publikaties
PO Box 202, MA de Ruyterstraat 20 A
NL-7480 AE HAAKSBERGEN
Tel.: (31) 53 574 0004
Fax: (31) 53 572 9296
E-mail: lindeboo@worldonline.nl
http://home-1-worldonline.nl/~lindeboo/

NORWAY/NORVÈGE
Akademika, A/S Universitetsbokhandel
PO Box 84, Blindern
N-0314 OSLO
Tel.: (47) 22 85 30 30
Fax: (47) 23 12 24 20

POLAND/POLOGNE
Główna Księgarnia Naukowa
im. B. Prusa
Krakowskie Przedmiescie 7
PL-00-068 WARSZAWA
Tel.: (48) 29 22 66
Fax: (48) 22 26 64 49
E-mail: inter@internews.com.pl
http://www.internews.com.pl

PORTUGAL
Livraria Portugal
Rua do Carmo, 70
P-1200 LISBOA
Tel.: (351) 13 47 49 82
Fax: (351) 13 47 02 64
E-mail: liv.portugal@mail.telepac.pt

SPAIN/ESPAGNE
Mundi-Prensa Libros SA
Castelló 37
E-28001 MADRID
Tel.: (34) 914 36 37 00
Fax: (34) 915 75 39 98
E-mail: libreria@mundiprensa.es
http://www.mundiprensa.com

SWITZERLAND/SUISSE
BERSY
Route de Monteiller
CH-1965 SAVIESE
Tel.: (41) 27 395 53 33
Fax: (41) 27 395 53 34
E-mail: jprausis@netplus.ch

Adeco – Van Diermen
Chemin du Lacuez 41
CH-1807 BLONAY
Tel.: (41) 21 943 26 73
Fax: (41) 21 943 36 06
E-mail: mvandier@worldcom.ch

UNITED KINGDOM/ROYAUME-UNI
TSO (formerly HMSO)
51 Nine Elms Lane
GB-LONDON SW8 5DR
Tel.: (44) 207 873 8372
Fax: (44) 207 873 8200
E-mail: customer.services@theso.co.uk
http://www.the-stationery-office.co.uk
http://www.itsofficial.net

**UNITED STATES and CANADA/
ÉTATS-UNIS et CANADA**
Manhattan Publishing Company
468 Albany Post Road, PO Box 850
CROTON-ON-HUDSON,
NY 10520, USA
Tel.: (1) 914 271 5194
Fax: (1) 914 271 5856
E-mail: Info@manhattanpublishing.com
http://www.manhattanpublishing.com

STRASBOURG
Librairie Kléber
Palais de l'Europe
F-67075 STRASBOURG Cedex
Fax: (33) 03 88 52 91 21

Council of Europe Publishing/Editions du Conseil de l'Europe
F-67075 Strasbourg Cedex
Tel.: (33) 03 88 41 25 81 – Fax: (33) 03 88 41 39 10
E-mail: publishing@coe.int – Web site: http://book.coe.fr